● 中国农业科学院农业经济与发展研究所研究论丛（第7辑）

农村要素配置的微观考察

——土地、劳动力、资本与技术

◎ 谢玲红　魏国学　著

中国农业科学技术出版社

图书在版编目(CIP)数据

农村要素配置的微观考察:土地、劳动力、资本与技术 / 谢玲红,魏国学著. --北京:中国农业科学技术出版社,2022.2
ISBN 978-7-5116-5696-4

Ⅰ.①农… Ⅱ.①谢…②魏… Ⅲ.①农村市场-市场改革-研究-中国 Ⅳ.①F723.82

中国版本图书馆 CIP 数据核字(2022)第 019925 号

责任编辑	徐定娜　史咏竹
责任校对	贾海霞
责任印制	姜义伟　王思文

出 版 者	中国农业科学技术出版社 北京市中关村南大街 12 号　邮编:100081
电　　话	(010) 82105169(编辑室)　(010) 82109702(发行部) (010) 82109709(读者服务部)
传　　真	(010) 82105169
网　　址	http://www.castp.cn
经 销 者	各地新华书店
印 刷 者	北京建宏印刷有限公司
开　　本	185 mm×260 mm　1/16
印　　张	10
字　　数	256 千字
版　　次	2022 年 2 月第 1 版　2022 年 2 月第 1 次印刷
定　　价	48.00 元

◆◆◆ 版权所有·翻印必究 ◆◆◆

前　言

　　土地、劳动力、资本、技术等要素之于农村发展，就如同空气、水、食物之于生命的存续。不断引导各类要素流入、留在农村，提高其质量和配置效率，能够激发乡村发展的内生动力，推动实现乡村振兴。改革开放40多年以来，我国农村要素市场化配置改革历经了从无到有的过程，要素市场化配置水平得到明显提升，既促进了农业农村发展，又推进了我国工业化和城镇化进程。但是，不管是相比于产品市场，还是相较于城市，农村要素市场化配置改革的进程仍相对滞后。农业农村要素投入不足、城乡要素配置失衡，要素市场化配置范围相对有限、配置效率不高，要素流动存在体制机制障碍、扭曲突出。尤其是当今，世界处于百年未有之大变局，以习近平同志为核心的党中央提出加快构建以国内大循环为主体、国内国际双循环相互促进的新发展格局。稳住农业基本盘、守好"三农"基础是应变局、开新局的"压舱石"。构建新发展格局，扩大内需，必须实现农村人、钱、地要素的发展及其良好的组合。因此，继续深入推动农村要素市场改革，实现农村要素配置优先满足，让人"流"入乡、留在乡，让钱"流"进村，让地"活"起来，加快培育乡村技术要素市场，促进土地、劳动力、资本传统要素内部及与技术新要素的有效衔接、有机融合，加快补齐农村要素市场化配置短板，尤为迫切且势在必行。

　　本书基于微观考察视角，围绕农村土地、劳动力、资本、技术这4类要素展开，全书分为4篇。第一篇聚焦土地要素，重点关注农村土地流转和纠纷。基于8省（区）4 442农户的调查数据，对新时期中国农村土地流转的现状特点、区域差异及农户流转行为影响因素进行分析；以北京市为例，对城郊农村土地承包经营纠纷与化解现状、纠纷生成逻辑与产生原因，以及纠纷化解的成功经验和实践案例进行全面和系统的剖析。第二篇聚焦劳动力要素，重点关注农村劳动力就业及特征。对改革开放以来的农村劳动力就业总体现状、演变趋势及供需形势进行深入分析，系统回答"十四五"时期农村劳动力转移的五大关键问题。第三篇聚焦资本要素，重点关注新型农业经营主体融资供需问题。基于16 004个新型农业经营主体，对新型农业经营主体的融资供需状况、异质性特征进行分析，提出破解新型农业经营主体融资难、融资贵问题的对策建议。第四篇聚焦技术要素，重点关注农业科技创新供给的体制机制。在对我国公共农业研发（R&D）投资变化情况及与国际情况进行比较的基础上，分别以农业科研机构和涉农企业为例，对农业科研投入的效率及其影响因素进行实证分析。

  本书也是对作者前期科研成果的梳理和总结，并以此纪念作者从事"三农"研究工作正好整10年。本书能够完成并成功付梓，得益于诸多前辈和朋友的支持和帮助。首先，要特别感谢中国农业科学院农业经济与发展研究所毛世平研究员和吕开宇研究员。北航博士期间做行为金融研究的我，因为毛世平研究员的引荐，让我迈进"三农"研究的大门并与"三农"研究结缘。吕开宇研究员则开启了我奔走在乡间田野、"用脚做学问"的研究范式，让我对"三农"问题有了更深的领悟和思考。其次，要感谢中国农业科学院农业经济与发展研究所农村微观经济调查数据库、农业农村部新型农业经营主体信息直报系统、农业农村部科技教育司（2018年农业部更名前，为农业部科技教育司）、北京市农村工作委员会及公开出版的相关统计年鉴等对本书数据的支持。还有，作者能够开展调查研究，离不开诸多课题经费的支持，包括国家自然科学基金项目（72003183）、农业农村部软科学课题（20190221，201303）、中央级科研院所基本业务费项目（0052016009，161005202107）、北京市自然科学基金（16GLB030）等，在此致以诚挚谢意。同时，要感谢中国农业科学技术出版社为本书出版付出的辛勤劳动。

  最后，需要说明的是，由于作者学识和能力有限，本书难免存在不足和疏漏之处。在此，我真诚希望得到广大读者的批评和指正，更热切希望和大家一起就农村要素市场化配置改革进行更为深入的研究和讨论。

谢玲红

2021年10月

目 录

第一章 导 论 1
  一、现代化进程中需要优化农村要素配置 1
  二、研究内容与结构安排 4
  三、研究方法与数据来源 5

第一篇 农村土地流转实践

第二章 农村耕地流转问题研究 11
  一、引 言 11
  二、文献综述 12
  三、数据调研及样本情况说明 14
  四、耕地流转现状和特点 15
  五、耕地流转状况的省（区）际比较 19
  六、农户耕地流转行为的影响因素 24
  七、提高土地流转效率的政策建议 32
  参考文献 34

第三章 城郊农村土地承包经营纠纷 36
  一、引 言 36
  二、文献综述 38
  三、京郊土地承包经营纠纷现状和特点 40
  四、京郊土地承包经营纠纷化解成效 44
  五、城郊农村土地承包经营纠纷生成逻辑及典型案例 46
  六、城郊农村土地纠纷防范与化解的案例分析——以 A 镇土地确权为例 50
  七、城郊农村土地承包经营纠纷化解对策 53
  参考文献 55

第二篇 农村劳动力就业问题探讨

第四章 农村劳动力就业总体现状、演变规律及供需形势 …… 61
- 一、引 言 …… 61
- 二、农村劳动力就业总体现状及演变规律 …… 62
- 三、"十四五"时期农村劳动力供给和需求变化趋势 …… 66
- 参考文献 …… 70

第五章 "十四五"时期农村劳动力转移就业的重大问题研究 …… 71
- 一、引 言 …… 71
- 二、文献综述 …… 72
- 三、"十四五"末究竟有多少农村劳动力 …… 74
- 四、农村劳动力转移潜力是否将耗尽 …… 76
- 五、究竟还有多大规模的农业剩余劳动力 …… 78
- 六、外出转移和本地转移之间的结构关系 …… 80
- 七、"十四五"时期农村劳动力转移的出路 …… 82
- 参考文献 …… 83

第三篇 农村金融与资本

第六章 新型农业经营主体融资供需现状及异质性分析 …… 89
- 一、引 言 …… 89
- 二、数据来源及样本基本情况 …… 90
- 三、新型农业经营主体融资供需现状及特点 …… 92
- 四、新型农业经营主体融资供需的异质性特征 …… 94
- 五、新型农业经营主体融资难成因及对策建议 …… 98
- 参考文献 …… 100

第四篇 农业科技创新供给的体制机制

第七章 我国公共农业R&D投资变化及国际比较研究 …… 105
- 一、引 言 …… 105

二、我国公共农业 R&D 投资的现状及其变化 ·········· 106
三、公共农业 R&D 投资的国际比较 ·········· 110
四、国家级农业科研机构财政投入及其缺口分析 ·········· 116
五、公共农业 R&D 投资的建议 ·········· 122
参考文献 ·········· 123

第八章 省（区、市）际农业科研机构科研效率及其影响因素研究 ·········· 125
一、引　言 ·········· 125
二、农业科研机构管理人员配置现状 ·········· 126
三、农业科研机构投入产出效率评价的研究设计 ·········· 128
四、省（区、市）际农业科研机构科研效率及其比较 ·········· 132
五、人力资源配置状况对科研效率的影响分析 ·········· 134
六、优化人力资源配置提升科研效率的对策建议 ·········· 139
参考文献 ·········· 140

第九章 我国涉农企业科技创新现状、影响因素与对策 ·········· 141
一、引　言 ·········· 141
二、涉农企业科技创新的现状分析 ·········· 142
三、涉农企业科技创新影响因素的实证分析 ·········· 146
四、研究结论及政策建议 ·········· 150
参考文献 ·········· 151

第一章 导 论

一、现代化进程中需要优化农村要素配置

土地、劳动力、资本、技术等要素是农村经济社会发展的重要生产要素，优化农村要素配置是实现农业农村经济发展、全面实现乡村振兴的关键，也是关乎城乡融合、社会稳定的全局性问题。加大农村改革力度，加快农业现代化进程，就必须在农业和农村发展的重要生产要素优化配置上做文章。改革开放40多年来，我国农村持续推进市场化改革，要素市场化配置改革工作取得了长足进步。1978年，安徽省凤阳县小岗村的"大包干"，拉开了农村要素市场化配置改革的大幕。家庭联产承包责任制将大量农村剩余劳动力从土地上迅速解放出来，赋予了农民土地、劳动力自主配置权利，而快速发展的工业化和城镇化对劳动力需求大，又有力地促进了农村劳动力向城市大规模转移。而后伴随着农村劳动力流转，农村产业发展对工商资本下乡的强烈需求，农村土地承包地流转限制放开，农村劳动力流动障碍逐步消除，农村金融多元化改革推进。2013年以来，我国农村要素市场化配置改革进入加速期，重点围绕强化产权改革、盘活"沉睡资产"和破除流动障碍等方面展开。但是，不管是对比商品和服务市场化的发展，还是对比城市要素的市场化改革程度，农村土地、劳动力、资本、技术等生产要素市场发展都明显滞后，市场化配置的范围也极为有限。因此，积极推进农村要素的市场化配置改革显得尤为重要和迫切，对于激发农业农村发展活力，实现乡村全面振兴和全面建成社会主义现代化强国都具有重要的意义。

（一）实现农业农村现代化，必须让地"盘活起来"

农村土地要素市场化配置改革不断向纵深推进，从获得承包地自主经营权到三权分置、到集体经营性建设用地入市和宅基地三权分权改革。家庭承包经营责任制的实施，赋予了农民自主经营权，农村土地要素的配置效率得到了较大提升。随着农村劳动力的进城和农村产业化的发展，农村土地有了流转的需求。农村政策开始大力鼓励承包地流转。例如，2002年实施的《中华人民共和国农村土地承包法》规定："通过家庭承包取得的土地承包经营权可以依法采取转包、出租、互换、转让或者其他方式流转。"由此，农村土地流转规模和流转速度进一步加快。2012—2014年，我国土地流转面积占家庭经营总面积的新增比重每年保持4个百分点以上。近几年，农村土地要素市场化改革向纵深推进，赋权和盘活成为农村土地要素市场化配置改革的核心内容，农民被赋予

更多的权利。在承包地上，2016年正式实施"三权分置"改革，提出"顺应农民保留土地承包权、流转土地经营权的意愿，将土地承包经营权分为承包权和经营权，实行所有权、承包权、经营权分置并行"，让农民无后顾之忧地进行土地流转。在建设用地上，推动建立健全城乡统一的建设用地市场，2015年中共中央办公厅、国务院办公厅联合印发了《关于农村土地征收、集体经营性建设用地入市、宅基地制度改革试点工作的意见》，标志着集体经营性建设用地入市进入改革试点阶段。当前，各地农村集体经营性建设用地入市的尝试正在提速。与此同时，积极推动宅基地的盘活利用，2020年中央深改委审议通过了《深化农村宅基地制度改革试点方案》后，安徽、江苏等地相继出台文件，加强对农村宅基地的审批管理，探索建立退出宅基地激励机制。

农村土地要素市场化配置改革，有效地缓解了经济社会用地压力，增加了农民财产性收入，实现了土地要素配置效率的提高。但是，当前我国农村大量的土地资源处于"沉睡"状态，供需结构失衡突出，利用率普遍不高。例如，一般农田可用于设施农业用地的指标处于"沉睡"状态，而其他农业项目设施农业用地紧缺；放活宅基地的使用权，促进宅基地流转，探索宅基地自愿有偿退出机制等方面步伐缓慢、力度不够，缺乏集体经营性建设用地入市的相关实施细节，相关障碍仍然存在，与农村要素市场化配置要求的差距较大。未来，要继续深入推进农村土地要素市场化配置改革，尤其要打通闲置宅基地、农房、农村集体经营性建设用地用作产业发展建设用地来源的通道，解决集体经营性建设用地入市的障碍问题。

（二）实现农业农村现代化，必须让人"流动起来"

农村劳动力要素市场化配置体制机制改革围绕稳定就业、融入城市、乡村振兴等国家战略不断调整优化。改革开放前，政府对农村劳动力进城一直采取严格限制的政策。人民公社制度解体后，包产到户、家庭联产承包责任制的推广将大量农村劳动力从土地束缚中解放出来。中共中央在《关于1984年农村工作的通知》中指出"允许务工、经商、办服务业的农民自理口粮到集镇落户"，标志着农民向城市流动的严格限制开始松动，自此拉开了农村劳动力转移就业的序幕。但由于当时尚不具备流动就业的政策环境，农村劳动力转移的规模非常有限。1992年邓小平"南方谈话"和党的十四大带来了东部沿海地区城市开发及经济建设的高潮，产生了对廉价农村劳动力的强烈需求，农村劳动力外出务工进入爆发式增长期，农村劳动力政策逐渐从承认流动、接受流动到采取措施鼓励、引导有序流动变化。进入21世纪，农村劳动力转移政策发生根本性变化，政策在注重合理引导农村剩余劳动力有序转移的同时，更加重视转移过程中"流动、公平和融合"多目标的实现。农村劳动力要素的配置进入一个崭新的发展时期，外出就业稳定性提升，流动呈现家庭化、长期化。迈入新时代，在制造业转型升级、城市化方针调整、乡村振兴的新背景下，农村劳动力就业政策随之调整为支持农民工返乡创业带动就业与加大技能培训拓宽城市转移就业两手抓的新阶段，打破了长期以来农村劳动力向发达地区城市单向流动的态势，有力地促进了各类人才流入乡、留在乡，成为乡村振兴中的重要建设力量。截至2020年年底，返乡入乡创业创新人数超1 000万，而且这一趋势还将继续保持。

农村劳动力要素是推进经济高质量发展的基础性动力，不仅大大提升了农业生产效率，更为我国的工业化和城镇化作出了不可磨灭的贡献。但是，当前优化农村劳动力要素配置改革依然任重道远，面临不少挑战。例如，全球贸易格局和供应链深度调整，全球化就业红利消失风险增加；我国的主要矛盾转变为"人民日益增长的美好生活需要和不平衡不充分的发展之间的矛盾"，农村劳动力在区域和城乡配置的不平衡不充分问题更为突出；城乡二元经济问题突出、城乡要素自由流动尚未建立，城乡基本公共服务均等化任务艰巨，对农村劳动力要素的配置形成制约。因此，优化农村劳动力要素配置，促进农村劳动力在城乡之间的自由流动，仍是未来较长时间内农村劳动力要素市场配置改革的重点和难点。

（三）实现农业农村现代化，必须让钱"注入进来"

改革开放以来，伴随着农村金融体系重构，到金融体系和组织的多元化发展，以及乡村发展产生的对金融资本的强烈需求，农村金融资本历经了从大量外流到源源不断注入的发展过程。1978年之前，农村金融机构由政府主导成立，服从政府统一安排，农村金融体系呈"大一统"的格局。改革开放后，初步形成了以农业银行和农村信用社为主，农村合作基金会等其他金融组织为补充的多元农村金融供给格局，金融支持农业生产作用显现。不过，由于农村金融体系尚不健全，这一阶段农村资金大量外流。20世纪90年代初，乡镇企业和农村二、三产业的较快发展带来了对金融的强劲需求，乡镇企业基金会、农民储金会等大量农村非正规金融机构应运而生，但也对农村金融市场秩序产生了不利影响。随后开始了农村金融的多元化改革，当前初步建立了包括农村政策性金融、农村合作金融和农村商业金融在内的多层次、全方位、互补性的农村金融体系，体制机制、组织体系、金融工具与产品、服务方式均不断完善。例如，建立省（区、市）级农信社管理机构，协调和推进农信社的改革，此举标志着农村金融改革开始由简单的机构功能设计向产权、机制和服务效率等纵深领域推进；创新农村抵押担保形式，推出了厂房和大型农机具抵押、圈舍和活体畜禽抵押、动产质押、仓单和应收账款质押、农业保单融资等信贷业务。

实现乡村全面振兴和农业农村现代化，离不开金融资本的支持。农村金融资本要素为农业发展和农业产业化提供了动力，促进了农业农村基础条件的改善，提升了农村经济发展活力。但是，农村金融资本仍面临着诸多困境。金融体系仍不完善，农村金融有效供给不足，传统金融、互联网金融以及内部合作金融均存在服务难以适应农村金融需求发展问题。例如，传统金融信贷供给不足、规模小、抵押物件难获认可，互联网金融平台少且多开展非农业务，合作金融资金少不能满足季节性和大额用款需求等，使得农村"贷款难、贷款贵"问题依然突出。城乡金融市场缺乏有效双向流动，工商资本下乡存在诸多制度障碍，为防止工商资本下乡引发土地"非农化""非粮化"，部分地区通过实施下乡准入制度、规模限制、层层备案管理、强制二次分红等方法，阻碍了工商资本下乡，不利于工商资本形成稳定预期。与此同时，农村项目具有资金需求规模大、贷款期限长，且回报慢、回报低、风险高等客观属性，商业性金融机构出于流动性风险和自身利益等考虑，提供信贷支持的积极性不够。因此，继续推进农村金融资本要素的市场化配置改革，加快形成对农村金融资本的多元投入格局，广开投融资渠道，优化体制机制，鼓励各类社会资本投向农村，增加金融机构在农村的布网设点，是适应农村发展的需要，也是服务乡村振兴战略，为农业农村现代化提供强有力支持的必然之举。

（四）实现农业农村现代化，必须让科技"强大起来"

农业科技创新是转变农业发展方式、实现农业现代化的关键。中国农业的出路在于现代化，必须依靠科技实现创新驱动发展，为农业现代化发展提供可持续动力。对农业科技的理解从最初20世纪60年代的农业机械化，到邓小平同志强调的不单单是机械化，还包括应用和发展科学技术等，到以江泽民为代表的共产党人提出的"使经济建设转移到依靠科技进步和提高劳动者素质的轨道上来"，以及党的十五大报告指出，"大力推进科教兴农，发展高产、优质、高效农业和节水农业"，到推进农业科技进步和创新，加强农业物质技术装备，走出一条生产技术先进的农业现代化路子，再到中国特色的农业科技自立自强。当前，保障国家粮食安全、确保农产品有效供给、提高品质和质量、建设现代农业、转变农业增长方式、开辟农业发展空间、拓展农业功能、发展循环农业、提高农业国际竞争力等，迫切要求加快农业高新技术研发，培育主导产业核心技术，突破产业发展的技术"瓶颈"。

我国农业科技发展取得了重大成就，为农业农村发展提供不竭动力。尽管如此，面对全面乡村振兴和农业农村现代化的新要求，以及世界农业科学技术的快速发展，我国农业科技发展还存在诸多短板瓶颈。例如，自主创新能力不强，重大原始性创新成果和产业发展关键技术成果供给明显不足，延伸农业产业链的养殖业、加工业等重点领域技术成果严重缺乏。提高农业资源产出率、劳动生产率和农产品商品率的技术成果明显不足。农业科技投入占比较低，结构不合理，农业科技投入在科技总投入中的占比由2001年的6.83%下降到2018年的4.5%。体制性和机制性障碍依然存在，农业科研体系条块分割、力量分散，科研联合协作不强，科研和生产还有脱节现象，高水平农业科技人才仍然不足，农业技术推广队伍不稳定等。在世界面临百年未有之大变局的背景下，必须加快培育乡村技术要素市场，以科技助力农业农村现代化。

二、研究内容与结构安排

本书的主体研究内容主要围绕农村土地、劳动力、资本、技术这4类要素的市场化改革实践展开，共分为4篇9章，具体内容和章节安排如下。

第一章：导论。主要回顾现代化进程中的农村要素市场化配置改革的演变历程，分析新时代优化农村要素配置的意义、要求及面临的困难挑战，并简要阐述主要研究内容、框架结构、研究方法、资料及数据来源。

第一篇聚焦土地要素，重点关注农村土地流转和农村土地承包经营纠纷。第二章为农村耕地流转问题研究，基于8省（区）4 442农户的调查数据，从土地流转率、流向主体、耕地流转类型、土地流转用途、流转土地价格等维度对新时期中国农村土地流转现状特点、区域差异进行系统研究的基础上，分析户主特征、家庭特征及村庄特征等对农户流转行为的影响。第三章为城郊农村土地承包经营纠纷，以特大城市北京为例，系统介绍北京市尤其是京郊农村土地承包经营纠纷及其化解现状，把握北京市农村土地纠纷的特点及化解困境，诠释北京农村土地承包经营纠纷的生成逻辑和产生原因，总结北京市将土地纠纷隐患消除在萌芽、纠纷化解在基层的成功经验和实践案例。

第二篇聚焦劳动力要素，重点关注农村劳动力就业问题。第四章为农村劳动力就业总体现状、演变规律及供需形势，分析我国农村劳动力就业呈现的阶段性特征，总结农村劳动力在就业流向、就业行业、就业主体上的演变规律并找到重要转折点，研判"十四五"时期农村劳动力供给和需求变化趋势。第五章为"十四五"时期农村劳动力转移就业的重大问题研究，主要回答5大核心问题：测算"十四五"时期农村劳动力的供给潜力，判断农村劳动力转移潜力是否耗尽，计算农业剩余劳动力规模，预测"十四五"末农村劳动力农业就业、非农就业、外出转移就业、就近就地就业的规模结构，提出"十四五"时期农村劳动力转移的主要路径。

第三篇聚焦资本要素，主要关注农村金融要素。第六章为新型农业经营主体融资供需现状及异质性分析，以农业农村部新型农业经营主体信息直报系统中2020年提交了贷款申请的16 004个新型农业经营主体为研究对象，从资金需求规模与用途、贷款获批率和贷款满足度等维度考察新型农业经营主体融资供需现状和特点，对比种养大户、合作社、家庭农场、农业企业在融资供需方面的差异，探讨主体等级、经营业务、贷款用途、经营及流转土地面积对新型农业经营主体贷款获批率和贷款满足度的影响，直观把握新型农业经营主体融资供需总体状况，提出破解新型农业经营主体融资壁垒的政策建议。

第四篇聚焦技术要素，重点关注农业技术要素的公共供给和企业供给维度。第七章为我国公共农业R&D投资变化及其国际比较研究，分析我国公共农业R&D投入及其结构的变化情况，与其他国家的差异进行比较。以国家级农业科研机构为例，对财政投入现状及其缺口进行分析。第八章为省（区、市）际农业科研机构科研效率及其影响因素研究，在定量评价我国省（区、市）际农业科研机构的科研效率的基础上，从农业科研机构人力资源配置视角，构建模型分析管理人员比例对我国农业科研机构科研效率的影响。第九章为中国涉农企业科技创新现状、影响因素与对策，以6个涉农行业大中型企业为研究对象，从科技创新的基础条件、科技创新投入与产出、科技创新模式等维度对我国涉农企业开展科技创新的现状及其影响因素进行研究。

三、研究方法与数据来源

（一）研究方法

（1）文献研究法。广泛查阅近年来与本研究有关的各种文献资料，包括专著、学术论文及各种统计资料，特别是有关农村土地改革、农村土地流转及纠纷、农村人口和劳动力结构、劳动力流动、城市化、户籍制度改革、农民工返乡创业、农村金融发展、农业科技创新等方面的政策文件。由于涉及农村土地、劳动力、资本、技术的相关研究资料涉及面广、时间跨度大，还需要对这些材料进行鉴别处理、综合整理，才能为研究所用。

（2）统计分析法。统计分析法贯穿于本书，是本书中使用最多的方法。运用统计分析法重点摸清我国农村要素配置的基本情况，具体包括以下几个方面：研究农村耕地流转及城郊农村土地承包经营纠纷的现状及特点；总结农村劳动力就业的演变规律及供需形势；探讨农村新型经营主体融资供需特征及不同主体的异质性；分析农业科技投入在公共层面和企业层面的现状，进行公共 R&D 投资的国际比较。

（3）问卷调查和典型案例分析法。宏观层面的分析可以了解农村要素配置的总体情况，但无法反映农村要素配置的微观行为。而微观层面的调研有助于理解政策在特定环境下的运行模式，从而与宏观层次的分析相补充。本书中农村耕地流转、土地纠纷、新型农业经营主体融资供需等方面的资料，主要依托中国农村微观经济调查数据库开展的包括河北、吉林、福建、山东、河南、云南、山西、新疆等在内的问卷调查，对北京市土地纠纷进行实地调研和案例访谈，以及依托农业农村部新型农业经营主体信息直报系统开展的典型调研，以期获得更加准确和全面的微观层面信息，为优化农村要素市场化配置改革提供系统扎实的决策参考。

（4）计量经济模型法。计量经济模型法是通过建立经济模型来分析单个或多个经济变量与其他经济变量之间的相互关系。本书主要应用多项 logistic 回归模型研究农户耕地流转行为的影响因素，基于 DEA-Tobit 模型分析省（区、市）农业科研机构科研效率及其影响因素，应用 OLS 模型、固定效应模型和混合 OLS 模型分别对涉农企业科技创新的影响因素进行分析。

（5）趋势预测法。为了预测不同情景下的农村劳动力就业布局，本书采用趋势预测法预测就近就地创业就业和转移农村劳动力的规模。基于城镇化率、人口总量、人口结构和不同就业形式之间的关系，以及不同拟设情景下我国的农业生产效率、创业创新水平，对 2025 年我国农村劳动力的总体规模和转移就业潜力及分布情况进行预测。

（二）资料及数据来源

本书的研究材料和数据多样，中国农业科学院农业经济与发展研究所的中国农村微观经济调查数据库、农业农村部的新型农业经营主体信息直报系统数据库、国际食物政策研究所的农业科技数据库、相关部委的统计数据、国内外综合性数据库、研究机构发布的研究报告及课题组的微观调查数据是其主要来源。

（1）农村土地要素配置资料及数据。土地要素配置的数据主要有 2 个来源：一是农村耕地流转现状、特点及省（区、市）际差异的情况，全部数据来源于 2014 年中国农业科学院农业经济与发展研究所的中国农村微观经济调查数据库，调查涉及 8 省（区）28 个县 84 个乡镇 252 个行政村；二是北京市农村土地承包经营纠纷及纠纷化解的情况，纠纷数量、纠纷分布、纠纷类型、纠纷主体、纠纷化解调解及仲裁体系建设情况等数据主要来源于北京市农村工作委员会内部统计资料，纠纷的典型案例主要通过对不同类别的纠纷涉及主体的深入访谈和对北京市各区县人民法院受理的农村土地承包经营权纠纷典型案件的深入整理得来。

（2）农村劳动力要素配置资料及数据。劳动力要素配置的数据主要来源于公开发表各类统计年鉴及研究报告。例如，农村人口、农村劳动力的数据主要来源于国家统计局的《中国人口和就业统计年鉴》（1990—2019）；农业劳动力数据主要来源于《中国第二次全国农业普查资料汇编》（2006）、《中国第三次全国农业普查资料汇编》（2016）；农村劳动力就近就地创业就业的数据主要来自农业农村部和国家工商总局；就业数据主要来自人力资源和社会保障部（以下简称"人社部"）、农业农村部、发展和改革委员会（以下简称"发改委"）和国家统计局的权威数据；农民工数据主要来源于国家统计局的《农民工监测调查报告》（2008—2019）。

（3）农村资本要素配置资料及数据。本书重点关注农村金融支持新型农业经营主体的情况，全部数据来源于农业农村部新型农业经营主体信息直报系统。该系统始建于2017年，截至2021年4月底，在该系统注册的合作社、家庭农场、种养大户、农业企业累计达30余万个，通过认证的主体13万余个。数据涵盖除西藏自治区外的全国30个省（区、市），可以较好地反映不同地区、不同特征新型农业经营主体的融资供需状况及差异，同时，也可使本书的研究结论更具代表性和普遍性。

（4）农村技术要素配置资料及数据。本书重点关注技术的供给投入方面，数据来源可分为3个层面：一是公共农业R&D投资及与国际的比较所用数据，主要来源于国际食物政策研究所（IFPRI）的农业科技数据库，世界银行资助下的大样本调查使数据库涵盖的全球138个国家相关数据；二是我国国家级农业科研机构R&D投入、人员投入及产出等方面的相关数据，主要来自农业部科技教育司的《农业部直属科研机构财务数据集》《全国农业科技统计资料汇编》，以及国家统计局的《中国统计年鉴》《中国科技统计年鉴》等；三是中国涉农企业科技创新情况数据，主要来源于《中国科技统计年鉴》。

主要数据及资料来源见表1-1。

表1-1 主要数据及资料来源

数据来源	数据单位	获取数据内容
栏A：土地要素配置		
中国农村微观经济调查数据库	中国农业科学院农业经济与发展研究所	农村耕地流转情况数据
内部统计资料	北京市农村工作委员会	土地承包经营纠纷及纠纷化解数据
实地调研、深入访谈	课题组调研获取	土地纠纷案例及化解实例

(续表)

数据来源	数据单位	获取数据内容
栏 B：劳动力要素配置		
《中国第二次全国农业普查资料汇编》《中国第三次全国农业普查资料汇编》	国务院全普办公室、国家统计局	农业劳动力、本地非农就业数据
《中国劳动统计年鉴》	国家统计局、人力资源和社会保障部	就业整体情况、农民职业培训和技能情况
《中国人口和就业统计年鉴》	国家统计局	农村人口、乡村就业情况
《中国农业年鉴》	中国农业年鉴委员会	主要农产品生产数据
《全国农产品成本收益资料汇编》	国家发改委	主要农产品用工量数据
《农民工监测调查报告》	国家统计局	农村劳动力转移就业数据
《中国大众创业万众创新白皮书》	国家发改委	农村创业数据
栏 C：资本要素配置		
新型农业经营主体信息直报系统	农业农村部	新型农业经营主体的融资供需状况及差异数据
栏 D：技术要素配置		
农业科技数据库	国际食物政策研究所	全球 138 个国家的公共农业 R&D 数据
《农业部直属科研机构财务数据集》	农业部科技教育司	科研机构财政投入数据
《全国农业科技统计资料汇编》	农业部科技教育司	农业科研机构科技经费、人力投入以及产出数据
《中国科技统计年鉴》	国家统计局	涉农企业开展科技创新数据

第一篇
农村土地流转实践

第二章　农村耕地流转问题研究

一、引言

2013年，中央一号文件提出发展新型农业经营主体，实现农业的规模化经营。而规模化首先要解决的问题便是农地的流转问题。农地的使用权流转对于优化土地资源配置、调整农业产业结构、促进农民收入增加、实现农业现代化和农村发展都具有重要的意义。因此，在加速发展现代农业的宏观战略下，如何加快土地流转，促进土地适度规模经营，提高农作效率，已成为当前农村发展面临的越来越紧迫的问题（黄季焜 等，2012；张红宇，2002）。各地区经济发展水平、资源禀赋的不同及土地流转政策的不同，使得各地在土地流转方面呈现较大的差异，这种差异不仅表现在流转的速度上，也表现在流转规模、方式、价格等方面。因此，研究不同地区间土地流转的差异，对于直观把握农村土地流转市场状况、提高土地流转效率具有重要的现实意义。同时，农户作为农业生产决策的微观主体，其行为目标与行动决策是推进土地流转工作的重要依据，从农户视角研究土地流转行为影响因素及其影响机理，对于适应农户生计规律，有序推进农地流转工作，具有重要的参考价值。

新时期中国农村土地流转问题研究，基于对东、中、西部8省（区）农户的抽样调查数据，对我国农村土地流转的现状、特点及其区域差异进行系统考察的基础上，从宏观层面对影响农地流转市场发育状况的因素进行探讨，从微观角度对农户土地流转行为的影响因素进行实证研究，为提高土地流转效率，完善土地流转市场，进而实现土地资源的优化配置，加快农业结构调整和农业产业化经营，推动农村剩余劳动力转移和小城镇建设提供科学的决策依据。具体而言，拟重点回答下列问题：①新时期农村土地流转的状况如何？表现出哪些特点？具有什么样的区域差异？又有什么样的动态特征？②当前土地流转市场不畅受哪些宏观因素的影响？农民土地流转的意愿如何？在土地流转政策范围内，有多大比例的农民在多大程度上希望转入或转出土地？农户土地流转意愿受农民个体特征、家庭情况和区域条件等因素的影响如何？③应该从哪些方面来完善土地流转市场，提高农户土地流转意愿，实现农业的规模化经营？

为达到以上研究目的，设置以下主要研究内容：第二部分，文献综述，主要从土地流转现状研究和农户土地流转行为影响因素研究这2个层面对现有文献进行梳理，并进行简要评述；第三部分，数据调研及样本情况说明；第四部分，耕地流转现状和特点，主要从流转率、流向主体、耕地流转类型、土地流转用途、流转土地价格等几个维度来展开；第五部分，耕地流转状况的省（区）际比较，从流转水平、流转流向、流转方式、流转用途及流转价格等层面对调研省（区）的耕地流转状况进行比较；第六部分，农户耕地流转行为的影响因素，通过实证模型分析农户流转行为的影响因素，重点考察家庭特征、村庄特征、户主特征对流转决策的影响；第七部分，提高土地流转效率的政策建议，根据耕地流转现状及农户流转行为影响因素的分析结果，提出完善土地流转市场、提高农户土地流转意愿的相关举措。

二、文献综述

（一）耕地流转情况研究

国内诸多学者对具体省份、具体地区甚至具体市县的土地流转情况进行了一系列的研究。

（1）以省份为研究对象的研究。陈海磊等（2014）基于全国农村固定观察点2004—2010年山西农户调查数据，使用固定效应面板数据模型分析了农户农业生产效率对其土地流转的影响；田欧南（2012）对吉林省农村土地流转的进程与现状、吉林省农村土地流出主体的成本效益和吉林省土地流入主体驱动因素等进行了实证分析；黄延信等（2011）对浙江、黑龙江等调查省份的土地流转总体情况、流转土地的经营形式、新特点及主要成效和存在问题进行了分析，并提出了引导土地流转规范推进的政策建议；黄祖辉等（2008）用来自浙江省56个行政村（社区）和320个农户的调查数据和资料的数据对农村土地流转现状、问题及其对现代农业发展的影响进行了研究。

（2）对具体地区、具体市县土地流转情况的研究。这方面的成果众多，例如，张晗（2015）、刘璐琳（2010）深入分析了我国民族地区农地流转的现状、困难和问题；郝丽丽等（2015）以湖北省熊口镇为例，对快速城镇化地区农村土地流转模式及其效益进行了研究；王崇志（2010）以安徽省宿州市为例，分析了欠发达地区农村土地流转问题；安一鸣（2015）以许昌市为例，对中原地区农村土地流转问题进行了研究；何京蓉等（2010）通过对三峡库区腹心的7个乡镇23个村的调查，系统分析了三峡库区农村土地流转现状，指出农民思想观念落后、土地流转市场发育不完善、农村社会保障和风险防范机制不健全以及政府"缺位"和"越位"行为并存是目前三峡库区农村土地流转中存在的主要问题。

（二）农户耕地流转行为影响因素研究

（1）二分类logistic回归模型对流转行为影响因素的研究。近年，国内学者关于农户耕地流转行为影响因素的研究，都是结合农地调查，采用二分类logistic回归模型分析不同因素对不同流向的流转行为的影响。例如，翟研宁等（2013）以河南省N县作为传统农区的典型代表，研究了家庭劳动力特征、家庭收入水平及结构、社会保障情况及土地情结对传统农区农户转出土地行为的影响；何京蓉等（2011）基于三峡库区 427 户农户的调查数据，考察了农户自身特征、农户家庭特征以及所在社区外部环境特征 3 方面共 12 个不同维度的变量对农户土地转入行为的影响；陈美球等（2008）、黎霆等（2009）、韩晓宇等（2013）、江淑斌等（2014）的研究尽管选取的样本不同，考虑的影响因素不同，但他们都分别分析了农户转出和转入耕地的主要影响因素及影响程度，并都得出了不同影响因素对农户耕地转入和转出有明显差异的结论。

（2）非二分类 logistic 回归模型对流转行为影响因素的研究。也有少数学者，运用不同于二分类 logistic 的模型，对此问题进行分析，如杜培华等（2008）利用江苏省典型地区 126 户农户的调查数据，用 probit 模型分析了社会经济因素、市场与产权状况、参与主体状况等因素对农户是否流转土地决策的影响；翟辉等（2011）以重庆市为例，应用主成分分析法，对农户土地流转行为的影响因素进行了检验，确定家庭收支、农村社会保障等是影响农户是否流转土地的重要因素；詹和平等（2008）运用江苏省 2 个县 142 个农户的实地调查数据，将农户流转行为分为转入土地、不流转土地和转出土地 3 类，采用 oprobit 回归检验了农户土地流转行为的影响因素；张忠明等（2014）将农户土地流转意愿分为农户希望流入土地、流出土地或保持当前土地规模，运用有序多分类 logistic 回归分析法对不同兼业程度农户的土地流转意愿及其影响因素进行了实证分析。

（三）文献述评

综上所述，在土地流转基本特点的研究上，国内诸多学者对具体省份、具体地区甚至具体市县的土地流转情况进行了一系列的研究。在农户耕地流转行为影响因素的研究上，结合农地调查，主要采用二分类 logistic 回归模型分析不同因素对不同流向的流转行为的影响。也有少数学者，运用不同于二分类 logistic 的模型，对此问题进行分析。这些研究为我们理解中国农村土地流转状况，以及农户土地流转行为提供了重要参考。但是，现有研究在样本选取、研究方法、模型选取等方面仍有进一步完善的空间。

本书的创新之处主要体现在以下几个方面。一是，在研究样本上，以往研究选取的样本量极其有限，大多以某个区域、某个省份甚至某个市县作为研究对象，面向全国、考虑中国区域差异的大样本调查研究尚显不足。本研究选取的样本包括中、东、西部 8 省（区）4 727 户农户的抽样调查数据，样本量较大，更能直观把握农村耕地流转市场状况，研究结论将更具代表性。二是，在研究范围上，以往研究更多地关注土地转出方向，而对土地转入情况较少涉及，同时也较少从耕地流转的各个方面来比较不同经济发展地区的差异。本研究同时关注不流转耕地、只转入耕地、只转出耕地、既有转入又有转出耕地这 4 种类型的农户，研究范围更广，也更全面。三是，在模型选取上，以往对农户耕地流转行为影响因素的研究，大多采用二分类 logistic 模型，仅关注农户的耕地流出或流入行为。而本研究采用多项 logistic 回归方法，比较研究不流转、转入、转出、既有转入又有转出这 4 类农户流转行为的影响因素。

三、数据调研及样本情况说明

（一）数据来源

本部分的数据全部来源于2014年中国农业科学院农业经济与发展研究所的"中国农村微观经济调查数据库"。调查涉及8省（区）28个县84个乡镇252个行政村。考虑到社会经济条件和具体的土地制度安排的差异对土地流转具有非常重要的影响，调查采用分段抽样调查方法。首先，确定样本省（区）。调查省（区）的选择代表了中国东、中、西三大不同经济发展区域的8个省（区），即东部地区的河北、山东、福建，中部地区的河南、吉林，西部地区的新疆、云南、陕西。其次，确定样本县和样本乡、镇，将每个省（区）的所有县按照人均收入水平分成高、中、低的3组，从每组中随机抽取1个样本县，确定县后，再按照选取样本县的原则，从每个县抽取3个乡镇。最后，确定样本村、确定乡镇后，按照同样的原则在每个乡镇选取3个行政村，并在每个行政村随机抽取20户农户作为调查对象。需要特别强调的是，在本次调研中，考虑到新疆地广人稀的特点，新疆样本农户的选择是按照以下原则选择，先选取7个县，每个县选3个乡镇，每个乡镇选3个行政村，每个行政村选15户。

（二）样本情况

本书选取东、中、西部不同省（区）不同经济发展水平的行政村为样本进行对比分析，可以较好地反映不同地区农户在土地流转行为方面的差异，同时样本量较大，可使本研究的结论更具代表性和普遍性。对2014年农户耕地流转状况的调查，共发出问卷4 727份，实际收回问卷4 490份，回收率为94.99%。将回收的4 490个样本作为初始样本，按照需要进行如下处理：①删除空白问卷，得到4 473个样本；②删除没有对耕地流转情况相关问题进行回答的样本，最终得到4 442个样本，问卷回收率为93.97%。问卷调查显示，4 442户有效调查者中，1 330户家庭参与了土地流转，占29.94%；其中，680户被调查者的家庭只转出耕地，占15.31%；573户只转入耕地，占12.90%；既有土地转出又有土地转入的家庭有77户，占1.73%。各省（区）农户耕地流转情况样本分布如表2-1所示。

表2-1 2014年调查省（区）农户的耕地流转情况　　　　（单位：户）

省（区）	没有耕地流转	只转出耕地	只转入耕地	既有转出也有转入	总计
河北	341	145	49	4	539
吉林	419	75	35	0	529
福建	418	99	20	3	540

(续表)

省（区）	没有耕地流转	只转出耕地	只转入耕地	既有转出也有转入	总计
山东	388	49	105	0	542
河南	366	92	44	21	523
云南	422	68	30	6	526
陕西	280	53	106	11	450
新疆	478	99	184	32	793
合计	3 112	680	573	77	4 442

注：此处仅对流转情况进行统计，不考虑具体流转面积，故户数与后文的细分统计存在一定差异，特此说明。

四、耕地流转现状和特点

（一）8省（区）耕地流转率高于全国平均水平，转出细碎化，但转入集聚程度较高

2014年，调查8省（区）的耕地流转面积为30 706.61亩（1亩≈667平方米，15亩=1公顷，全书同），占农户总承包面积的20.32%，低于全国平均水平。截至2013年11月底，全国承包耕地流转面积为3.4亿亩，耕地流转面积占农户承包的耕地面积的47.53%，高于全国同年底30.4%的平均水平。其中，转出耕地面积占承包耕地面积的39.05%，转入耕地占承包耕地面积的8.48%。转出耕地以小规模流转为主。669户转出耕地的有效样本的户均转出面积为7.79亩。但有78.03%的农户转出的面积小于平均值，这些农户的户均转出面积只有3.07亩，50%的农户的转出面积小于3.4亩，平均转出面积仅为2.04亩；户均转入面积相对较大，能有效推动农业规模经营发展。530户转入耕地的有效样本的户均转入面积为36.41亩，并且有超过1/4的农户转入的耕地面积超过或等于40亩，将近20%的农户转入的耕地面积不小于60亩。户均转入土地规模较大，户均租出土地规模较小，造成这种情况的原因可能是农户将转入的分散的小块地进行了整合，从而形成较大的地块经营规模。

（二）流转主体日益多元化，但仍主要在农户间进行

流转主要在农户间进行，但种养大户、农业企业、农民专业合作社等积极加入并逐渐成为转入主体。耕地主要是向本村亲戚和本村其他村民流转，2种流向主体的户数占比和面积占比都占到一半以上，分别为52.08%和57.30%。其中，转给本村亲戚的户数占比和面积占比分别为26.52%和21.41%，转给本村其他村民的户数占比和面积占比分别为25.56%和35.89%；种养大户、合作社和农业企业逐渐转入主体，户数占比

分别为 18.85%、3.51% 和 7.51%，面积占比分别为 17.12%、2.37% 和 4.07%；转给本村其他村民的转出面积最大，总共为 1 742.80 亩，户均转出 11.39 亩。另外是本村亲戚，为 21.41%；随着各地新型经营主体的发展，各地农业招商引资力度的不断加大，新型经营主体和工商企业逐渐转入主体，共有 112 户转出耕地给种养大户，平均转出面积为 7.42 亩，种养大户、合作社、农业企业这 3 类转出的耕地面积占总转出面积的 23.56%，其中：流向种养大户、合作社和农业企业的面积占总面积的比重分别为 17.12%、2.37% 和 4.07%。可以看出，农户转出土地的范围依然局限在本村内，要么是本村亲戚家、邻居家，要么是本村的非亲戚家，其中，本村其他村民是所有样本农户转出耕地的最主要来源。这一方面可能与我国农村基本上以村或村民小组为单位进行土地发包、土地调整、税费收取等有关；另一方面也可能与一个村或村民小组的农户对彼此之间的信誉、土地状况等更为了解有关。2014 年调查省（区）农户耕地流转方式如表 2-2 所示。

表 2-2 2014 年调查省（区）农户耕地流转方式

转出耕地的对象	转出流向按户数统计		转出对象按转出面积统计			
	样本数（户）	户数占比（%）	样本数（户）	转出平均面积（亩）	转出总面积（亩）	转出面积占比（%）
本村亲戚	166	26.52	161	6.46	1 039.54	21.41
种养大户	118	18.85	112	7.42	831.31	17.12
本村其他村民	160	25.56	153	11.39	1 742.80	35.89
其他村村民	48	7.67	45	9.77	439.86	9.06
合作社	22	3.51	21	5.49	115.30	2.37
农业企业	47	7.51	46	4.30	197.86	4.07
其他	78	12.46	77	3.46	266.33	5.48
合计①	626②	100.00③	626	7.75	4 855.70④	100.00⑤

注：①合计为实际数据，非分项加总；②③此处仅对有转出耕地面积的转出流向进行统计，按转出耕地对象统计户数时，将转出对象为多选的重复计入户数，故分项样本数求和大于实际；④⑤在按照转出对象统计转出面积时，由于转出对象为多选的样本无法得知每种转出对象的面积，因此，转出对象为多选的不计入户数，也不考虑转出面积，故分项转出总面积求和小于实际。由于数值修约原因，个别数据存在一定差异，不影响整体研判。以下所有处理方式与此相同。

（三）流转用途以粮食作物种植为主，但有"非粮化""非农化"现象

粮食作物生产是流转耕地的主要用途，有 54.40% 的流转农户和 46.09% 的流转面积用于粮食作物生产。但基于利益驱动，转入耕地的农户大多不愿从事比较效益较低的粮食生产，主要从事比较效益较高的经济作物生产，或发展有机农业、设施农业等。因此，流转耕地也有相当大一部分用于非粮食作物生产，流转农户比和流转面积比分别为

36.36%和42.24%。同时，流转耕地的"非农化"问题值得关注。调查农户共有1 968.43亩流转耕地用于其他非农用途，如建楼房、铁路、学校及市场等，占总面积的8.21%。非农产业建设能在短时间内提高农民收入，带动农村产业多样化，但是长远看来，将减少农用土地数量，影响土壤肥力，甚至导致农业生态环境失衡，引起农村环境污染。另外，需要注意的是，流转方向不同，流转用途有一定差别。例如，转出方向上，流转用于粮食作物生产的面积将近非粮食作物面积的一倍，而在转入方向上，这两者面积占比相当，约为45%。流转耕地的"去粮化""非农化"违背了土地流转管理制度的相关规定，是目前土地流转中存在的隐忧，应引起重视。2014年调查省（区）农户耕地流转用途如表2-3所示。

表2-3 2014年调查省（区）农户耕地流转用途

转出耕地的用途	流转用途按户数统计		流转用途按面积统计			
	样本数（户）	户数占比（%）	样本数（户）	平均面积（亩）	总面积（亩）	总面积占比（%）
栏A：转出耕地的用途						
粮食作物	289	48.65	261	9.04	2 358.87	50.24
非粮食作物	214	36.03	188	6.95	1 306.71	27.83
农业园区	44	7.41	42	5.22	219.03	4.66
其他	77	12.96	66	9.13	602.63	12.83
合计	594			7.90	4 695.50	
栏B：转入耕地的用途						
粮食作物	323	60.83	311	27.938 84	8 688.98	45.08
非粮食作物	195	36.72	184	47.926 63	8 818.50	45.75
农业园区	15	2.82	13	5.307 69	69.00	0.36
其他	11	2.07	10	136.580 00	1 365.80	7.09
合计	531			36.301 85	19 276.28	

（四）耕地流转以转包、出租为主，多种形式并存

流转类型丰富多样。转包和出租仍是土地流转的主要形式，股份合作等新形式在部分地区逐渐兴起。从不同流转方式的农户占比来看，按转包、出租、互换、转让、入股的方式转出耕地的农户数分别为265户、241户、7户、63户、15户、21户，分别占比43.95%、39.97%、1.16%、10.45%和2.49%，其他的转出方式占比3.48%。从不同流转方式的面积上来看，转包和出租这2种方式转出的面积占总面积的比例高达86.32%，转让为5.59%，互换和入股分别为1.55%、1.09%。2014年调查省（区）农户耕地流转方式，如表2-4所示。

表 2-4　2014 年调查省（区）农户耕地流转方式

转出耕地的方式	转出方式按户数统计		转出方式按转出面积统计			
	样本数（户）	户数占比（%）	样本数（户）	转出平均面积（亩）	转出总面积（亩）	转出面积占比（%）
转包	265	43.95	259	10.98	2 842.57	59.56
出租	241	39.97	235	5.43	1 277.1	26.76
互换	7	1.16	6	12.33	74	1.55
转让	63	10.45	61	4.37	266.43	5.59
入股	15	2.49	14	3.71	51.9	1.09
其他	21	3.48	21	3.15	66.2	1.39
总数	603		603	7.91	4 772.5	

（五）流转价格上涨较快，不同流转对象的价格高低不一

在转出的 638 户样本中，户均转出收入和亩均转出收入分别为 1 852.58 元和 922.34 元。但是，陕西省耀州区关庄镇被调查的 14 户农户的耕地转出给政府或被拆迁，每亩转出收入高达 13 464.97 元，整体拉升了调研样本的平均水平。除去这些样本后，转出价格仅为 301.09 元/亩。在转入耕地的 531 户样本的平均转入支出为 1 172.83 元，每亩耕地的平均转入支出为 103.98 元。不同流转对象的流转价格不同，转出对象为本村亲戚时，转出收入最低为 153.53 元/亩，其他流转对象（如政府）等的转出收入最高每亩为 4 708.18 元，转给农业企业、其他村村民及本村其他村民的收入也相对较高，分别为 469.02 元/亩、307.84 元/亩、296.38 元/亩。而不同转入对象的耕地价格相差不是很大。2014 年调查省（区）农户不同流转对象的流转价格，如表 2-5 所示。

表 2-5　2014 年调查省（区）农户不同流转对象的流转价格

	转出			转入		
转出耕地的对象	样本（户）	每亩耕地的平均转出收入（元）	转入耕地的来源	样本（户）	每亩耕地的平均转入支出（元）	
本村亲戚	141	153.53	本村亲戚	132	131.54	
种养大户	109	270.42	本村其他村民	268	104.05	
本村其他村民	148	296.38	其他村村民	25	165.30	
其他村村民	45	307.84	其他	23	55.80	
合作社	21	176.65				
农业企业	46	469.02				
其他	52	4 708.18				
总数	598	649.13	总数	500	105.64	

五、耕地流转状况的省（区）际比较

不同地区之间由于农业和经济发展水平的不同，促进农地流转的政策措施的不同，在土地流转的进程和方向上呈现较大差异。本节分别从流转水平、流转流向、流转方式、流转用途及流转价格等维度上对各地区耕地流转的状况进行比较。

（一）流转水平比较

（1）流转率差异较大（图2-1），总体来说，新疆流转速度最快，福建流转较慢。不管是在耕地的流入率上、耕地的流出率上，还是转出耕地面积占总承包土地面积的比重上，福建都在8省（区）中排在最末，分别为3.46%、6.32%和4.39%。新疆流转速度较快，在耕地转出率和总的耕地流转率上都居首位，分别为59.67%和68.91%；山东在耕地流入面积占耕地的比重最高，为22.01%；转出耕地面积占总承包土地面积的比重最高的为吉林省，为32.27%。耕地转出面积占承包耕地面积的比重排第一名到第七名的分别是新疆、陕西、吉林、云南、山东、河南和福建，占比分别为59.67%、42.69%、41.46%、32.47%、14.87%、9.31%、8.84%和6.32%。

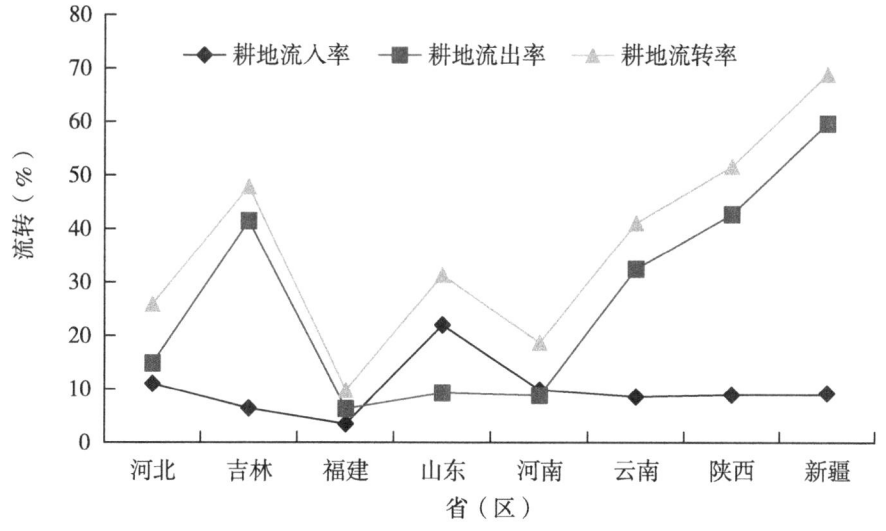

图2-1　2014年调查省（区）农户耕地流转率

注：耕地流入率=转入耕地的面积/承包的耕地总面积，耕地流出率=转出耕地的面积/承包的耕地总面积，耕地流转率=（转入耕地面积+转出耕地面积）/承包的耕地面积。

（2）户均流转面积有差异（表2-6），户均转出面积新疆是福建的11.57倍，除山东外，其他省（区）户均转入面积大于户均转出面积。新疆户均转出的面积最大，为27.16亩，其次是吉林，为17.57亩，福建最小，仅为2.35亩，但福建进行了耕地转出的农户数最多，为

141户;共有570户转入了耕地,平均每户转入的耕地面积为36.41亩,其中:新疆、陕西、吉林转入户转入的平均面积较大,分别为68.67亩、48.78亩、45.36亩。

表2-6 2014年调查省(区)农户户均流转耕地面积

省(区)	转出耕地的农户数(户)	转出户的平均转出面积(亩)	流入耕地的农户数(户)	转入户的平均转入面积(亩)
河北	73	4.27	34	9.21
吉林	43	17.57	100	45.36
福建	141	2.35	51	10.51
山东	88	6.44	42	5.74
河南	94	4.35	21	16.24
云南	79	3.08	112	7.17
陕西	64	3.60	22	48.78
新疆	87	27.16	188	68.67
合计	669	7.79	570	36.41

注:有些样本尽管填写了是否流转耕地,但没有填流转耕地的面积,在统计时,将没有填写流转耕地面积的样本进行了删除。转入耕地的农户统计与转出农户统计相同。

(二)流转流向比较

流转流向分别按户数占比和流转面积进行考察时,呈现的特点稍有不同。

(1)从不同转出对象的户数占比来看(图2-2),河北主要的流转对象是本村亲戚

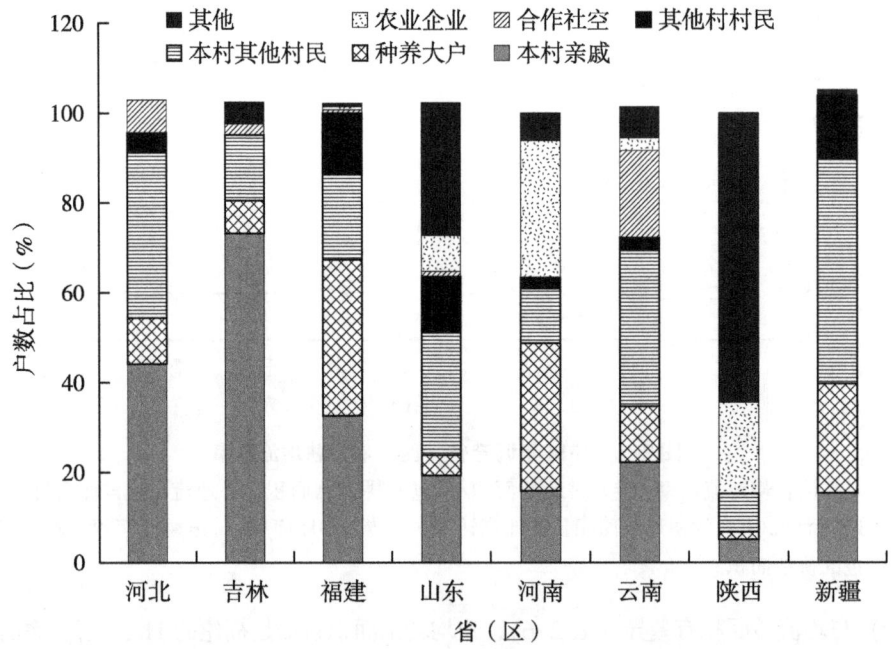

图2-2 各省(区)不同转出对象的户数占比

和本村其他村民，分别为44.12%和36.76；吉林前两位的流转对象尽管也都是本村亲戚和本村其他村民，但本村亲戚占有绝对的比重，高达73.17%；福建、河南和新疆，种养大户是非常重要的流转对象，占比分别为34.78%、32.93%和24.36%；山东和陕西的主要流转对象则是其他，分别占比29.55%和64.41%。

（2）从不同转出对象的户均转出面积来看（表2-7），福建、云南、陕西不同转出对象的转出面积没有太大区别，户均面积都较小，其中，福建、云南、陕西户均转出面积最大的分别为转给农业企业的、本村其他村民和种养大户，户均面积分别为3.70亩、3.83亩和6.00亩；吉林和新疆各种不同转出对象的规模相对较大，其中，吉林转给合作社的户均耕地面积高达36.00亩，新疆转给本村其他村民的面积高达31.07亩。

表2-7 各省（区）不同转出对象的平均转出面积 （单位：亩）

转出耕地的对象	河北	吉林	福建	山东	河南	云南	陕西	新疆
本村亲戚	2.54	15.60	2.18	8.09	4.44	2.67	4.17	17.30
种养大户	6.84	21.45	2.27	2.95	5.66	2.66	6.00	26.41
本村其他村民	4.78	24.60	2.51	6.30	2.94	3.83	5.30	31.07
其他村村民	7.00	—	2.68	13.09	3.05	2.10	—	20.55
合作社	5.35	36.00	2.00	4.00	—	3.71	—	—
农业企业	—	—	3.70	3.49	4.38	1.85	5.00	—
其他	—	9.15	2.00	4.26	2.20	1.16	2.95	8.00

（三）流转方式比较

（1）除陕西外，各省（区）耕地转出的方式以转包和出租为主导（图2-3），但各省（区）转包率和出租率的重要性有所不同（表2-8）。河北、福建、河南、云南、陕西这4个省份是出租率大于转包率，出租面积占总流转面积的比重分别为47.41%、58.68%、44.62%、42.92%和50.03%，而吉林、山东、新疆这3个省（区）则转包率更高，转包面积占总面积的比重分别为76.69%、36.18%和78.64%。

（2）互换、转让和入股的方式逐渐在一些地区兴起（表2-8）。河北、福建、山东、河南都出现了互换的转出方式，山东的互换率较高，为10.06%；除吉林和新疆外，其他省（区）都有转让的方式，山东、河南、陕西的转让方式占有重要的地位，转让比率分别为20.06%、23.11%和33.76%。云南省农户积极采用入股的方式流转耕地，这一流转方式所占面积甚至超过总面积的1/5，说明当地农村正在逐步盘活土地，为农民提供了新的土地使用方式，这将是土地流转市场未来发展的方向。

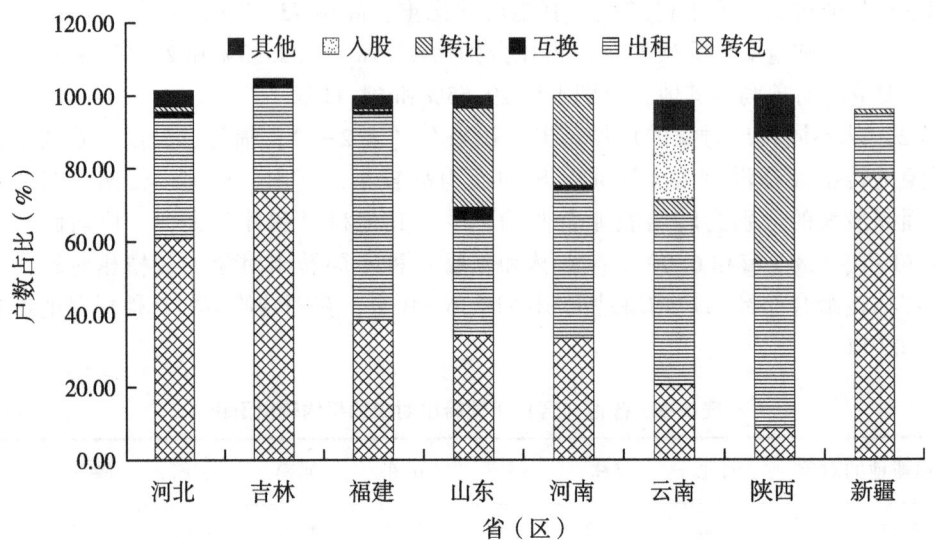

图 2-3 各省（区）不同转出方式的户数占比

表 2-8 各省（区）不同转出方式的面积占比 （单位:%）

转出耕地的方式	河北	吉林	福建	山东	河南	云南	陕西	新疆
转包	41.39	76.79	36.23	36.18	30.90	22.07	8.31	78.64
出租	47.41	21.17	58.68	31.85	44.62	42.92	50.03	13.12
互换	3.57	—	0.61	10.06	1.38	—	—	—
转让	3.92	—	0.58	20.06	23.11	2.14	33.76	—
入股	—	—	—	—	—	21.90	—	—
其他	2.64	—	3.89	1.85	—	10.00	7.91	—

（四）流转用途比较

不管是按户数比衡量（图 2-4），还是面积比衡量（表 2-9），除福建和陕西外，其他各省（区）转出的耕地绝大部分主要都用于粮食作物生产，河北、吉林、河南 3 省流转耕地用于粮食作物的面积占比分别高达 86.73%、81.59% 和 67.98%；福建"非粮化"现象最为严重，转出土地用于非粮食作物生产的比例最高，为 58.65%，而山东、陕西和新疆的"非农化"现象更为严重，转出耕地用于其他非农业用途的面积比例分别为 13.64%、18.57% 和 19.73%。

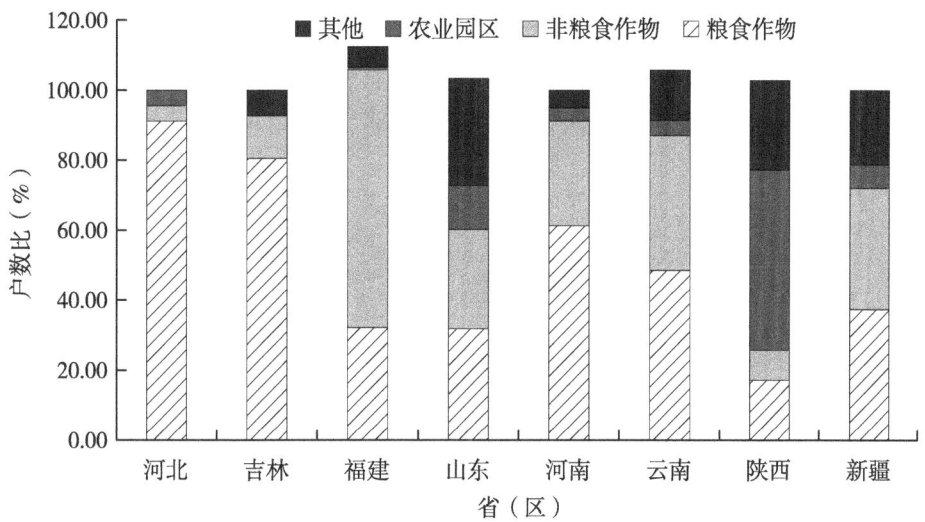

图 2-4 各省（区）不同转出耕地用途的户数比

表 2-9 各省（区）不同转出用途的面积比　　　　　　　　　　（单位：%）

转出耕地的用途	河北	吉林	福建	山东	河南	云南	陕西	新疆
粮食作物	86.73	81.59	21.21	35.79	67.98	42.14	15.30	43.03
非粮食作物	5.19	—	58.65	35.69	26.43	28.88	4.52	35.45
农业园区	8.08	—	1.54	8.23	2.25	6.92	58.48	1.79
其他	—	5.75	3.78	13.64	3.34	10.90	18.57	19.73

（五）流转价格比较

一般而言，在经济不发达地区，由于分散经营的农户没有很强的认识水平和谈判能力，他们获得的土地承包经营权流转价格往往偏低。2014 年各省（区）农户耕地流转价格见表 2-10。

表 2-10　2014 年各省（区）农户耕地流转价格

省（区）	转出			转入		
	样本	农户的平均转出收入（元/户）	每亩耕地的平均转出收入（元/亩）	样本	农户的平均转入支出（元/户）	每亩耕地的平均转入支出（元/亩）
河北	55	675.42	150.14	27	357.00	74.26
吉林	43	864.49	60.82	95	1 208.52	40.54
福建	139	472.77	257.32	49	445.10	55.09
山东	88	1 496.93	547.36	42	1 219.76	355.71

(续表)

省（区）	转出			转入		
	样本	农户的平均转出收入（元/户）	每亩耕地的平均转出收入（元/亩）	样本	农户的平均转入支出（元/户）	每亩耕地的平均转入支出（元/亩）
河南	91	982.20	287.22	19	476.32	105.10
云南	78	857.76	470.00	102	553.33	169.17
陕西	63	8 012.33	6 641.11	20	748.50	120.31
新疆	81	3 075.50	153.81	177	1 948.17	56.83
总数	638	1 852.58	922.34	531	1 172.83	103.98

注：本书只统计既有转出（转入）收入又有转出（转入）面积数据的样本。

在转出的638户样本中，各省（区）户均转出收入为1 852.58元，其中由以陕西的农户的平均转出收入最高，为8 012.33元，是因为陕西耀州区关庆镇被调查的很多农户的耕地转出给政府或被拆迁，从而整体拉升了陕西的平均水平。户均转出收入接下来从高到低依次为新疆、山东、河南、吉林、云南、河北和福建，分别为3 075.50元、1 496.93元、982.20元、864.49元、857.76元、675.42元、472.77元。若除去特别样本，陕西耕地流转的价格仅为370.47元/亩，还低于云南的470.00元/亩。各省（区）每亩耕地的平均转出收入为922.34元，其中，陕西每亩耕地的转出收入最高，为6 641.11元，其次云南的每亩耕地的转出收入为470.00元，最低为吉林，每亩转出收入仅为60.82元。

转入耕地的531户样本的平均转入支出为1 172.83元，新疆农户的平均转入支出为1 948.17元，山东为1 219.76元，吉林为1 208.52元，最低的为河北，为357.00元；每亩耕地的平均转入支出为103.98元，其中，最高为山东，为355.71元，最低为吉林，为40.54元。

六、农户耕地流转行为的影响因素

在2014年东、中、西部8省（区）回收的4 442个样本的基础上，删除变量值缺失严重的样本，最终得到4 261个样本。各省（区）发出样本数、回收样本数及有效样本数，如表2-11所示。

表2-11 调查样本情况 （单位：户）

省（区）	发出样本数	回收样本数	有效样本数
河北	540	540	538
吉林	540	530	507
福建	540	539	535

(续表)

省（区）	发出样本数	回收样本数	有效样本数
山东	542	542	525
河南	540	527	509
云南	540	532	511
陕西	540	474	441
新疆	945	806	695
合计	4 727	4 490	4 261

（一）变量选取

（1）因变量。多分变量的耕地流转行为——用 circulation 表示。与以往研究文献只是将农户流转行为粗略地分为流转和没有流转这两大类别不同，在此基础上，我们更进一步将农户的耕地流转行为细化为一个4分变量，取值为1、2、3、4。取值为1，表示该农户没有流转耕地；取值为2表示农户转出耕地；取值为3表示农户转入耕地；取值为4表示该农户既有耕地转入又有耕地转出。

（2）自变量。自变量为一组可以反映农户耕地流转行为发生概率大小的变量值，包括户主特征、家庭特征、村庄特征、社会保障4组变量。其中，户主特征变量主要包括性别、年龄、健康状况、婚姻状况、受教育程度、兼业程度及是否受过农业技术培训；家庭特征变量包括总人口、家庭成员中干部情况、农业劳动力数、人均耕地面积；村庄特征变量包括村地形、村委会距县政府距离；社会保障变量包括是否参加农村合作医疗、是否参加社会养老保险。具体说明如表2-12所示。

表2-12 解释变量说明

变量类别	变量名称	变量表示	变量度量及说明、单位
户主特征变量	性别	gender	1=男，0=女
	年龄	age	周岁
	健康状况	health	1=健康，0=非健康（包括体弱多病、长期慢性病、患有大病及残疾）
	婚姻状况	marriage	1=已婚，0=单身（包括离婚，丧偶和未婚）
	受教育程度	education	受教育年限
	兼业程度	occupation	1=只务农，2=一兼（以农业为主兼业），3=二兼（以非农业为主兼业），4=非农业，5=其他（包括在校学生和无劳动能力者）
	农业技术培训情况	train	1=参加过，0=没有参加过

(续表)

变量类别	变量名称	变量表示	变量度量及说明、单位
家庭特征变量	家庭总人口	members	人
	家庭成员中是否有干部	cadre	1=有，0=无
	家庭中农业劳动力数	agri-labor	人
	人均耕地面积	area	亩/人
村庄特征变量	村地形	topography	1=高原，2=盆地，3=平原，4=丘陵，5=山地
	村委会距县政府距离	distance	千米
社会保障变量	是否参加农村合作医疗	cms	1=是，0=否
	是否参加社会养老保险	pension	1=是，0=否

（二）变量的描述性统计特征

（1）连续变量的统计特征。从表2-13中可以看出，所调查家庭的户主的平均年龄为50.95岁，户主的平均受教育年限为7.76年，家庭平均人口数为3.69人，家庭平均农业劳动力数为2.04人，人均耕地面积为5.69亩，村委会距县政府距离平均为23.27千米。

表2-13 连续变量的描述性统计特征

变量名	样本量	平均值	标准差	最小值	最大值
年龄（岁）	4 261	50.95	10.39	24	90
教育（年）	4 261	7.76	2.53	0	19
家庭总人口（人）	4 261	3.69	1.60	1	14
农业劳动力数（人）	4 261	2.04	1.24	0	12
人均耕地面积（亩/人）	4 261	5.69	122.87	0	8 000
村委会距县政府距离（千米）	4 261	23.27	17.81	0	82

（2）分类变量和虚拟变量的统计特征。从表2-14中可以看出，在4 261份有效样本中，其中发生了流转行为的有1 278户，占29.99%，包括单纯转出的658户和单纯转入的545户，以及既有转入又有转出的75户。没有发生流转行为的有2 983户，占总样本的70.01%；户主特征变量上，95.45%的家庭的户主为男性，8.05%的户主处于非健康的状态，5.91%的户主的婚姻状况为离婚、丧偶或未婚，户主职业上，绝大部分户主只务农，为63.72%，一兼、二兼、非农业的户主的比例分别为17.18%、10.09%

和 5.21%，参加农业技术培训的户主的比例为 25.67%；家庭中有乡及乡以上干部或村干部的比例为 19.01%；调研村庄的地形以平原为主，占 44.40%，其次是山地和丘陵，分别为 21.12% 和 20.93%。

表 2-14 分类变量和虚拟变量的统计特征

变量名称	类型	数量（户数）	百分比（%）
多分变量	1=无流转	2 983	70.01
	2=转出	658	15.44
	3=转入	545	12.79
	4=既转入又转出	75	1.76
二分变量	1=有流转	1 278	29.99
	0=无流转	2 983	70.01
性别	1=男	4 067	95.45
	0=女	194	4.55
健康状况	1=健康	3 918	91.95
	0=非健康状态	343	8.05
婚姻状况	1=已婚	4 009	94.09
	0=离婚、丧偶或未婚	252	5.91
从事职业	1=只务农	2 715	63.72
	2=一兼	732	17.18
	3=二兼	430	10.09
	4=非农业	222	5.21
	5=其他	162	3.81
是否参加农业技术培训	1=是	1 094	25.67
	0=否	3 167	74.33
家庭中是否有干部	1=有	810	19.01
	0=无	3 451	80.99
村地形	1=高原	267	6.27
	2=盆地	310	7.28
	3=平原	1 892	44.40
	4=丘陵	892	20.93
	5=山地	900	21.12

（续表）

变量名称	类型	数量（户数）	百分比（%）
是否参加农村合作医疗	1=是	4 210	98.8
	0=否	51	1.2
是否参加社会养老保险	1=是	3 891	91.32
	0=否	370	8.68

（三）模型选择

因变量农户流转行为 circulation 有 4 个取值而且无大小顺序，一般的线性回归分析无法准确地刻画变量之间的因果关系，需要用其他的回归分析方法来进行拟合模拟，而多项 logistic 回归是一种简便处理该类因变量问题的分析方法。构造的模型形式为：

$$\text{logit}[p(y=j)] = \ln\left[\frac{p(y=j)}{P(y=i)}\right] = \beta_0 + \beta_{ij}X_j + \cdots \beta_{nj}X_n + \varepsilon_j;\ j \neq i \quad (2.1)$$

式中：logit $[p(y=j)]$ 表示 $y=j$ 的概率；X 为自变量，是土地流转行为的影响因素；β_0 为常数项；β_{ij} 为待估系数（$i=1,2\cdots n$）；ε_j 为随机误差项。

在多项 logistic 回归模型中，某一种情况发生的概率与另外一种情况发生的概率之比我们称之为相对风险比（rrr）。在其他条件相同时，y 的第 j 个类别在 x_k 条件下的相对风险比等于一个特定倍数，使 $y=j$（相当于 $y=$base）的预测发生比乘以这个特定倍数后，得到相应 x_k+1 条件下的发生比。换句话说，相对风险比 rrr_{jk} 就是当只有 x_k 变化而其他所有 x 不变时发生比变化的倍数。

$$rrr_{jk} = \frac{\dfrac{p(y=j|x_k+1)}{p(y=\text{base}|x_k+1)}}{\dfrac{p(y=j|x_k)}{p(y=\text{base}|x_k)}} \quad (2.2)$$

在本书的回归模型中，以 circulation=1，也即农户没有进行耕地流转作为比较的基准类别，则转出耕地对比不流转耕地的 logistic 回归模型可表示为：

$$\text{logit}\ p_{(\text{转出}/\text{不流转})} = \alpha_0 + \alpha_1 gender + \alpha_2 age + \alpha_3 health + \alpha_4 marriage + \alpha_5 education + \alpha_6 occupation +$$
$$\alpha_7 train + \alpha_8 member + \alpha_9 cadre + \alpha_{10} agri\_labor + \alpha_{11} area + \alpha_{12} topography + \alpha_{13} distance +$$
$$\alpha_{14} cms + \alpha_{15} pension + \varepsilon_i \quad (2.3)$$

式中：logit $p_{(\text{转出}/\text{不流转})}$ 是指转出耕地的概率；α_0 为常数项；α_i 为待估系数（$i=1$，2……15）；ε_j 为随机误差项。

（四）实证结果及分析

对模型进行似然比检验。多项 logistic 回归模型的整体卡方为 705.42，自由度为 72，$P<0.001$，模型整体显著，表明模型拟合结果较好。二分 logistic 回归模型的整体

卡方为 230.96，自由度为 24，$P<0.001$，模型整体也显著。最终模型的估计结果如表 2-15 所示。

表 2-15 多项 logistic 回归结果

解释变量		多项 logistic 回归模型					
		circulation=2 转出耕地		circulation=3 转入耕地		circulation=4 既转入又转出耕地	
		系数（标准差）Coeff（std）	相对风险比 ratio	系数（标准差）Coeff（std）	相对风险比 ratio	系数（标准差）Coeff（std）	相对风险比 ratio
gender		-0.37* (0.205)	0.689	0.488** (0.308)	1.630	0.64 (0.760)	1.897
age		0.01* (0.005)	1.010	-0.024*** (0.005)	0.976	0.010 (0.013)	1.010
health		0.301* (0.180)	1.351	0.645 (0.248)	1.906	0.661 (0.505)	1.934
marriage		0.017 (0.189)	1.017	0.636 (0.283)	1.889	0.568 (0.623)	1.764
education		0.022 (0.019)	1.022	-0.015 (0.021)	0.985	-0.062 (0.049)	0.940
occupation（=1 为参照组）							
	2	0.630*** (0.131)	1.877	-0.019 (0.124)	0.981	0.860*** (0.278)	2.364
	3	1.462*** (0.134)	4.315	-1.035*** (0.237)	0.355	-0.109 (0.540)	0.897
	4	2.744*** (0.166)	15.55	-1.059** (0.468)	0.347	1.486*** (0.504)	4.419
	5	1.739*** (0.217)	5.691	0.287 (0.365)	1.332	1.421** (0.571)	4.140
train		-0.364*** (0.125)	0.695	0.412*** (0.102)	1.510	0.175 (0.268)	1.191
members		-0.009 (0.030)	0.991	-0.001 (0.032)	0.999	-0.017 (0.073)	0.983
cadre		0.031 (0.123)	0.985	0.027 (0.122)	1.027	0.595** (0.269)	1.814
agri_labor		0.038 (0.038)	1.039	-0.048 (0.040)	0.953	0.136 (0.093)	1.146
area		-0.015** (0.007)	0.985	0.000 (0.000)	1.000	-0.014 (0.017)	0.986
topography（=1 为参照组）							
	2	0.266 (0.228)	1.305	-0.047 (0.270)	0.954	-0.247 (0.504)	0.781
	3	-0.665*** (0.188)	0.514	-0.095 (0.201)	0.909	-0.793** (0.377)	0.452

(续表)

解释变量		多项 logistic 回归模型					
		$circulation=2$ 转出耕地		$circulation=3$ 转入耕地		$circulation=4$ 既转入又转出耕地	
		系数（标准差）$Coeff(std)$	相对风险比 ratio	系数（标准差）$Coeff(std)$	相对风险比 ratio	系数（标准差）$Coeff(std)$	相对风险比 ratio
	4	-0.502** (0.202)	0.605	0.078 (0.212)	1.081	-1.474*** (0.490)	0.229
	5	-0.583*** (0.204)	0.558	0.179 (0.216)	1.196	-1.186*** (0.457)	0.305
$distance$		0.000 (0.003)	1.000	-0.003 (0.003)	0.997	0.016** (0.007)	1.016
cms		-0.318 (0.362)	0.728	-0.487 (0.469)	0.615	13.907 (1 272.01)	0.808
$pension$		0.234 (0.169)	1.264	0.387** (0.198)	1.472	0.588 (0.528)	1.801
$\_cons$		-2.192*** (0.619)	0.112	-1.884** (0.759)	0.152	-20.138 (1 272.1)	0.000
N		LR chi2	Prob>chi2				
4 261		705.42	0				

注：在多项 logistic 回归中，将 $circulation=1$ 没有流转耕地作为比较的基准类别；*、**、*** 分别表示参数在 0.1、0.05 和 0.01 的显著性水平上显著。

1. 户主特征对流转行为的影响

户主性别、年龄、兼业程度和是否受过农业技术培训对农户耕地转入转出行为具有显著影响，并且对转出行为与转入行为的影响具有差异性；健康状况、婚姻状况与转入转出行为正相关，但影响基本不显著；受教育程度与转出行为正相关，与转入行为负相关，在统计上也不显著。除了兼职程度变量外，其他户主特征变量对同时转入和转出的决策影响不显著。

（1）性别的影响。相比不流转耕地，女性户主更倾向于转出耕地，而不是转入耕地，而男性户主倾向于转入土地，而不是转出土地。男性户主转出耕地的概率与不流转耕地的概率之比是女性户主的0.69倍，并且在10%的水平上显著；男性户主转入耕地的概率与不流转耕地的概率之比是女性户主的1.63倍，并在5%的水平上显著。这是因为女性相比男性，劳动能力方面更弱一些，较难从事除自己耕地以外的农业劳作，所以她们更愿意转出土地而不是转入土地。

（2）年龄的影响。年龄越大的户主转出耕地的概率越大，转入耕地的概率越小。年龄每大1岁，转出耕地的概率与不流转耕地的概率之比是1.01，转入耕地的概率与不流转耕地的概率之比是0.975，并且分别在10%和1%的水平上显著。因为随着年轻一代外出务工增加，年龄较大的户主在劳动能力方面受到限制，从而会倾向于少经营土地。

(3) 兼业程度的影响。相比纯农户，户主从事非农业的程度越高，转出耕地的可能性越大，转入耕地的可能性越小。一兼、二兼、非农业和其他职业的户主转出耕地的概率与不流转耕地的概率之比分别是纯农户的 1.877 倍、4.315 倍、15.55 倍和 5.691 倍，并都在 1% 的水平上显著；二兼和非农业的农户转入耕地的概率与不流转耕地的概率之比分别是纯农户户主的 0.355 倍和 0.347 倍。这是因为纯农户的家庭收入绝大多数来自务农，土地是其收入的重要载体，而不同兼业程度的农户的收入来源更加多元化，务农收入在其家庭收入所占的地位正在逐渐弱化，因此他们流出土地意愿更加强烈，转入耕地的概率更小。

(4) 农业技术培训的影响。相比没有参加农业技术培训的农户，参加了农业技能培训的农户，更倾向于流入土地而不是转出土地。参加了农业技能培训的农户转出耕地的概率与不流转耕地的概率之比是没有参加技能培训的农户的 0.695 倍，而参加了农业技能培训的农户转入耕地的概率与不流转耕地的概率之比是没有参加技能培训的农户的 1.510 倍。这是因为，参加了农业技术培训的农户，掌握了很好的农业技巧，其经营管理能力显著提高，可以在同样的土地上创造出更多的价值，增加他们的农业产出和农业收入，因而他们更倾向于流入土地而不是转出土地。

(5) 健康和婚姻状况的影响。户主健康状况越好，越倾向于转出土地。身体健康的户主转出耕地的概率与不流转耕地的概率之比是非健康户主的 1.351 倍，并在 10% 的水平上显著。这是因为，身体好的农户可以选择从事非农业工作，获得土地产出之外的经济收入的可能性较大，从而他们更愿意转出土地去从事别的职业。身体健康的户主转入耕地的概率与不流转耕地的概率之比是非健康户主的 1.906 倍，但统计上不显著。户主婚姻状况与流转行为正相关，这与大部分的研究结论一致，但在统计上不显著。这可能是因为我们样本当中，户主婚姻状况和受教育年限的差异性不是很大，有 94.09% 的户主是已婚状况。

2. 家庭特征、村庄特征等因素对流转行为的影响

总体来说，家庭特征变量对农户流转行为的影响不是很大。家庭成员数量与流转行为负相关，但在统计上不显著；家庭中是否有干部与流转行为正相关，但对转入和转出决策的影响不显著；人均耕地面积与转出行为显著负相关；相比高原地区，平原、丘陵和山地村庄的农户转出耕地的概率和同时转入和转出的概率明显降低；农村养老保险与农户耕地流转行为正相关，但只对转入行为有显著正向影响。

(1) 家庭特征的影响。家庭总人口对农户耕地流转行为具有负向的影响，是因为人口较多的农户家庭通常拥有较多的劳动力资源，有充足的劳动力经营农地，因此农户通常选择自己种植农地，而不进行耕地流转。但其影响在统计上不显著，这可能是因为家庭成员数量不大于 5 人的样本量高达 88.5%，样本差异性不大的原因。同时，家庭中农业劳动力数量对农户的耕地流转行为没有显著影响。相比没有干部的家庭，有干部的家庭更倾向于流转土地，这是因为干部往往见识更广，因而更有可能参与农地流转，但这对转出行为和转入行为的影响在统计上不显著，家庭中有干部的农户既转入土地又转出耕地的概率与不流转耕地的概率之比是家庭中没有干部的农户的 1.814 倍，而且在 5% 的统计水平上显著。人均耕地面积对农户转出决策有显著的负向影响，但对转入行为没有影响。人均耕地每增加一个单位，转出概率与不流转的概率之比是0.985倍，并在1%的水平上显著。

（2）村庄特征及社会保障因素的影响。相比高原地区，平原和丘陵和山地村庄的农户更不愿意转出耕地，平原、丘陵、山地的农户转出耕地的概率与不流转耕地的概率之比分别是高原地区农户的0.514倍、0.605倍和0.558倍，分别在0.01、0.05和0.01的水平上显著，但农户的转入决策不受地形的影响。这可能是因为相比高原地区，其他地形的地区更适合于大规模的机械化作业，土地规模化生产的客观要求比较强烈，故平原、丘陵和山地地区的农民希望自己能支配更多的土地资源，而不转出土地。村委会到县政府的距离每增加一个单位，既转入又转出耕地的概率与不流转的概率之比是1.016，并在0.05的水平上显著。农户是否参加农村医疗保险和农户流转行为没有显著的影响。参加了社会养老保险的农户更倾向于流转土地。农村土地对农民来说依旧承担着生活保障的功能，而社会保障对土地的保障功能具有替代作用，在社会保障水平低下的情况下，土地的保障功能凸显。参加了社会养老保险的农户转入耕地的概率与不流转耕地的概率之比为是没有参加社会养老保险农户的1.472倍，并在1%的水平上显著。

七、提高土地流转效率的政策建议

（一）大力发展新型农业经营组织，为土地流转提供多样化对象

种养大户、农民专业合作社、农业产业化龙头企业等新型农业经营主体是粮食增产、农业增效、农民增收的主要力量，为土地流转提供多样化的对象，加速农村土地流转进程。调查发现，尽管种养大户、农业企业、农民专业合作社等新型农业经营主体积极加入土地的流转主体，但目前这些新型主体的流转面积还不足总面积的1/4。因此，应积极发展多样化的农业经济组织，构建新型农业经营体系，促进多种生产经营组织共同协作、相互融合，加快土地流转，推动农业现代化发展。

（二）加强土地用途管制，减少流转耕地"非农化"现象

中央要求土地承包经营权流转，不得改变土地集体所有性质，不得改变土地用途，不得损害农民土地承包权益。调查发现，除河北外，其他各省（区）都有不同程度的"非农化"问题，新疆的非农化问题尤为严重。因此，在土地流转后，政府部门应多深入农村，定期或不定期地监督和查看土地用途是否发生改变，尤其是要坚决制止工商企业流转土地后直接或变相改变土地农业用途的行为。对一些进行大规模承租、受让土地的公司进行严格审查，审核其是否有农业经营的资质、经验和技术，监督其是否有"非农化"行为。

（三）加快土地流转中介组织建设，促进耕地向新型农业经营主体集中流转

调查显示，66.36%的土地流转都发生在小规模分散经营的农户之间，他们往往由于土地经营效益低、家庭劳动力不足、找不到其他受让人等原因，自发地将土地流转给本村亲戚、本村其他村民或其他村村民。这种散户间的自发性土地流转速度慢、规模小，无法实现土地大规模、高效率地聚集，不利于规模经营和现代农业的发展。因此，需要寻求散户向新型农业经营主体的土地流转路径。而两者的信息不对称，会引发较高的土地流转交易成本。进一步加快完善中介服务组织，为土地流转的供求双方提供交易信息，实现土地流转从散户间的自发流转向"散户—中介服务组织—新型农业经营主体"的转变，推动土地的规模化经营。

（四）健全社会保障体系，提升农民土地流转意愿

完善的社会保障制度可以弱化农民对土地的依赖，解除流出土地农户的后顾之忧。调查表明，调查省（区）的流转率较低，仅15.31%的农户转出土地。因此，建议提高农民土地流转率，在健全以养老保险、医疗保险、最低生活保障制度为主的农村社会保障体系的同时，加快统筹城乡户籍、就业、住房、教育等制度的步伐，将进城务工的已流转土地的农民优先纳入城镇社会保障体系，改善其生存状况，以此推动农村土地流转。尽快完善农村的社会养老保险。使外出务工人员在城镇中能够得到城市居民相同的待遇，实现农民老有所养，找到归属感，使得转移出来的农户愿意主动流转土地。当前还有一小部分农户没有参加养老保险，政府应该加大对此的宣传，做到养老保险的全覆盖，并进一步加强制度的相关立法工作，加大政府财政补贴力度，完善政府补贴机制，妥善解决与其他社保政策的转移接续问题。改进和完善家庭承包地的分配方式，尽量减少耕地面积的人为破碎化，使之便于机械化规模经营，从而推动耕地的流转。

（五）加快推进农村劳动力向非农产业转移

加快推进农村劳动力转移，将农民从土地上解放出来，从事非农劳动，是推动农村耕地转出很重要的一个手段。这需要调整农村产业结构，大力发展区域性第二、三产业及推进第一、二、三产业融合发展，为农户提供更多的非农就业机会，增加他们的非农收入，增强耕地转出的原动力。

（六）加强对农户的农业技术培训

政府部门应该加大对农民的农业技术培训投入，通过对进行培训的相关企业和参与培训的农民以物质奖励来积极推进培训。同时，以市场为导向，根据农民对培训的需求，对不同类型的农民采取不同的技术培训，提高农民的相关技术水平和农业管理能力，显著提高农户农业收入，增加耕地流入。

参考文献

安一鸣，2015. 中原地区农村土地流转问题与对策研究——以许昌市为例［D］. 南昌：东华理工大学.

陈海磊，史清华，顾海英，2014. 农户土地流转是有效率的吗？——以山西为例［J］. 中国农村经济（7）：61-71，96.

陈美球，肖鹤亮，何维佳，等，2008. 耕地流转农户行为影响因素的实证分析——基于江西省1396户农户耕地流转行为现状的调研［J］. 自然资源学报（3）：369-374.

杜培华，欧名豪，2008. 农户土地流转行为影响因素的实证研究——以江苏省为例［J］. 国土资源科技管理（1）：53-56.

韩晓宇，王芳，2013. 西部地区农户农地流转行为影响因素分析——基于新疆三地的调查［J］. 兰州大学学报（社会科学版）（3）：116-124.

郝丽丽，吴箐，王昭，等，2015. 基于产权视角的快速城镇化地区农村土地流转模式及其效益研究——以湖北省熊口镇为例［J］. 地理科学进展，34（1）：55-63.

何京蓉，李炯光，2010. 农村土地流转状况调查与分析——基于三峡库区7个乡镇23个村的调查［J］. 经济问题探索（3）：163-167.

何京蓉，李炯光，李庆，2011. 农户转入土地行为及其影响因素分析——基于三峡库区427户农户的调查数据［J］. 经济问题（8）：77-81.

黄季焜，邓亮亮，冀县卿，等，2012. 中国农地制度、农地流转和农地投资［M］. 上海：格致出版社.

黄延信，张海阳，李伟毅，等，2011. 农村土地流转状况调查与思考［J］. 农业经济问题（5）：4-9，110.

黄祖辉，王朋，2008. 农村土地流转：现状、问题及对策——兼论土地流转对现代农业发展的影响［J］. 浙江大学学报（人文社会科学版），38（2）：38-47.

江淑斌，苏群，2014. 经济发达地区农户土地流转影响因素分析——基于江苏684个农户调查样本的实证［J］. 生态经济（5）：18-21.

黎霆，赵阳，辛贤，2009. 当前农地流转的基本特征及影响因素分析［J］. 中国农村经济（10）：4-11.

刘璐琳，2010. 进一步完善民族地区土地流转的思考［J］. 宏观经济管理（7）：54-55.

田欧南，2012. 吉林省农村土地流转问题研究［D］. 长春：吉林农业大学.

王崇志，2010. 欠发达地区农村土地流转问题研究——以安徽省宿州市为例［D］. 南京：南京农业大学.

翟辉，杨庆媛，焦庆东，等，2011. 农户土地流转行为影响因素分析——以重庆市为例［J］. 西南师范大学学报（自然科学版）（2）：175-181.

翟研宁，梁丹辉，2013. 传统农区农户土地转出行为影响因素分析［J］. 南京农业大学学报（社会科学版）（3）：78-83.

詹和平，张林秀，2008. 农户土地流转行为的影响因素——有序 probit 模型的实证研究［J］. 重庆建筑大学学报（4）：10-14.

张晗，2015. 中国民族地区农村土地流转现状及发展趋势研究［D］. 长春：吉林大学.

张红宇，2002. 中国农地调整与使用权流转：几点评论［J］. 管理世界（5）：76-87.

张忠明，钱文荣，2014. 不同兼业程度下的农户土地流转意愿研究——基于浙江的调查与实证［J］. 农业经济问题（3）：19-24.

第三章 城郊农村土地承包经营纠纷

一、引　言

农地制度改革是当前我国经济和社会体制改革的重要组成部分。改革开放以来，分田到户的土地家庭承包经营对促进农业的快速发展提供了坚实的制度基础，其意义深远，但当前农地制度也面临着日益突出的问题。许多农村地区"人地矛盾"失衡，其中部分根源于农地制度一直以来的不完善。为进一步完善农地制度，建立、健全土地权利保护制度，2010年中央1号文件和国土资源部与有关部委联合下发意见，明确了开展农村土地确权登记颁证，维护农民合法权益的重大政策举措。农业部（现农业农村部，下同）自2009年开展土地承包经营权确权登记颁证试点经历了4个阶段：2009—2010年以村组为单位，以8个村为试点，探索整村推进；2011—2013年以乡镇为单位，在数百个县开展试点；2014年以县为单位，首次确定山东、四川和安徽3个试点省份"整省推进"；2015年，进一步新增江苏、江西、湖北、湖南、甘肃、宁夏、吉林、贵州和河南9个"整省推进"的试点省（区），现在全国已经完成土地确权颁证工作，土地承包经营关系逐渐规范。

但近年来，随着一系列惠农政策的出台实施，以及工业化、城镇化、农业现代化发展进程的加速，我国农村土地呈现加快向非农领域转移和土地承包经营权加快流转的演化态势。农村土地确权在明晰农地产权、赋予农民权能的同时，也显化了农村长久以来的历史遗留问题，激发了农民解决各种土地权属争议的诉求。与此相伴，国家陆续出台各项惠农政策，在一定程度上缓解或对冲了农业比较利益下降产生的不利影响，农村土地所带来的经济效益凸显并持续上升，广大农民对土地的重视程度、依赖程度不断增强。由此造成了一些在过去土地承包经营过程中存在的潜在问题由于农民对土地价值及其附加利益的追逐而开始暴露出来（夏英 等，2018）。在此背景下，各地围绕农村土地承包权益的纠纷逐渐呈常态化多发态势。农业经营主体的多元化、农业经营方式的多样化及利益诉求多极化，使得农村土地纠纷范围更加广泛，从农户之间扩展到农民与乡（镇）、土地使用单位、开发商之间（史卫民，2010），其表现的形式也更加多样（陈丹 等，2011）。个别地区、一定时期农村土地纠纷呈持续上升趋势，部分地区甚至出现了因土地承包经营纠纷而引发的群体性上访、闹访事件，成为农村社会矛盾的焦点和诱发不稳定因素的导火索（于建嵘，2005；张晓涛，2009），成为农村社会治理的风险对象，也成为农村基层管理的重点和难点。如何妥善解决好目前存在的土地承包经营纠纷，切实维护农民土地权益，保持农村社会稳定和促进土地承包的规范化，成为摆在政界、学界及社会面前的一个重要课题。及时评估农地制度改革中的土地承包经营纠纷状况，对于科学判断农地改革绩效、更有针对性地完善农村土地制度意义重大。

而城郊农村尤其是特大城市郊区，由于离城市距离较短、农村土地生产效益更高、土地开发活跃升值更快，土地承包经营纠纷呈现发生频率高、情况复杂、持续时间长、冲突具有更加尖锐和激烈等特点（马梓航，2015），很有必要与一般农村区别对待。北京市郊区作为都市型农业的发源地之一和土地增值最具有代表性的地区之一，土地纠纷居高不下，并以土地承包合同纠纷和土地承包经营权纠纷为主。据统计，2016年1月至2018年3月，在公开裁判文书中，北京土地纠纷民事一审案件为1 821件，土地纠纷民事一审结案件量排名前两位的案由是农村土地承包合同纠纷、土地承包经营权纠纷，分别为917件和388件，这些数据都远远高于同为特大城市的上海地区，同时期上海土地纠纷民事一审案件为783件，民事一审结案农村土地承包合同纠纷和土地承包经营权纠纷分别为186件和76件（司法大数据研究院，2018），对北京市土地纠纷进行研究迫在眉睫。

因此，本部分以特大城市的北京为例，从经济学、土地法、物权法等层面，运用相关基本理论，综合应用文献法、比较分析法、数理统计方法和典型案例等方法，在对国内农村土地纠纷的相关文献进行全面梳理的基础上，通过对不同类别的纠纷涉及主体的深入访谈和对北京市各区县人民法院受理的农村土地承包经营权纠纷典型案件的梳理，深入系统地扫描北京市尤其是京郊农村土地承包经营纠纷及其化解现状，准确地把握了北京市农村土地纠纷的特点及化解困境，透彻地诠释了北京农村土地承包经营纠纷的生成逻辑和产生原因，全面地总结北京市将土地纠纷隐患消除在萌芽、纠纷化解在基层的成功经验和实践案例，以期为今后其他地区农村、城郊农村尤其是特大城市郊区农村土地纠纷防范与化解提供必要参考和依据。

本部分的主要研究内容如下。

（1）从纠纷规模及其时序变化、纠纷区域分布结构、纠纷类型、纠纷形式、纠纷案件审理等不同维度出发，深入系统地对北京市尤其是京郊农村土地承包经营纠纷现状进行检视，对北京市农村土地纠纷的特点进行了概括。

（2）从纠纷调解投入、纠纷化解成效、纠纷解决方式等方面全面地分析北京市在从农村土地承包经营纠纷调解体系建设、仲裁机构队伍建设等方面的投入，通过不同形式的纠纷解决方式调处的纠纷数量及比例，以及最终纠纷成功化解的比例。对比分析各区县在纠纷投入、纠纷化解成效等方面的差异。

（3）透彻地诠释北京市农村土地承包经营纠纷的生成逻辑和产生原因，并对北京市农村土地纠纷的典型案例进行了剖析。以北京市某一具体区县的确权颁证实践为例，就农村土地确权颁证对土地承包经营纠纷的影响原理、确权颁证过程中的纠纷类型和确权纠纷产生根源进行深入探讨。

（4）全面地总结了北京市将土地纠纷隐患消除在萌芽、纠纷化解在基层的成功经验和实践案例。根据前面北京市土地纠纷现状及特点、土地纠纷生成逻辑和产生原因、确权过程中存在的主要问题及成功经验等几部分的研究结论，提出从完善土地有关的政策法律体系、构建规范的土地流转制度、优化多元化的非诉纠纷解决渠道、建构多维连贯的农村土地纠纷化解的治理机制等方面来有效预防和化解农村土地承包经营纠纷的政策建议。

二、文献综述

鉴于土地纠纷话题的敏感性，以及现有土地纠纷统计数据的信息不全，获取真实可靠的纠纷数据存在较大难度，现有文献主要从宏观层面围绕土地纠纷类型与特征、典型案例、成因归纳、解决机制等进行了理论研究。关于农村土地承包经营纠纷的系统性地实证研究目前并不太多。

（一）农村土地纠纷类型、特点研究

现有研究以性质、内容和原因等为标准出发对农村土地纠纷类型进行了分类，并针对当前农村土地纠纷的发展趋势及特点，形成了不少理论成果。根据纠纷主体的不同，农村土地纠纷可以划分为农户—农户或村—村、农户—村民小组（土地的集体所有者）、农民—基层组织及干部、农民—较高层政府及其土地主管部门、农民—资本持有者5个类别（梅东海，2008），这种划分的标准抓住了纠纷背后利益冲突的本质属性。从土地纠纷的根源出发，可以将土地纠纷划分为政策变化引起的纠纷、历史与现状冲突引起的纠纷、基层组织管理混乱引起的纠纷和经济利益驱动引起的纠纷。从土地纠纷产生原因视角进行分类的研究还有蔡虹（2008）、杜德鱼（2013）等。范文涛（2010）从土地纠纷的性质和法律的规定2个划分标准出发，将其划分为土地权属纠纷、土地承包纠纷、农地征用补偿纠纷，较为全面准确地把握了农村土地纠纷的主要类型。从纠纷的内容来看，可以概括为土地所有权纠纷、土地收益分配纠纷、土地承包合同纠纷、土地征收纠纷、土地流转纠纷、土地调整纠纷等类型（陈丹 等，2011；史卫民，2010）。董立山（2013）则按农村土地纠纷与司法救济的"亲疏关系"将农村土地纠纷可分为"或裁或审"型、行政救济前置型及不得起诉型3种类型。同时，农村土地承包权益的纠纷逐渐呈现长期化、增多化、复杂化、多元化的发展特点（史卫民，2010）：农业经营主体的多元化、农业经营方式的多样化及利益诉求多极化，使得农村土地纠纷范围更加广泛，从农户之间扩展到农民与乡（镇）、土地使用单位、开发商之间（史卫民，2010），其表现的形式也更加多样（陈丹 等，2011）。村民的生产、生活的活动范围不断扩大，导致了串案数量多、牵涉面广、关注人多、根源复杂、处理难度大的重大冲突（何马根 等，2016）。部分地区甚至出现了因土地承包经营纠纷而引发的群体性上访、闹访事件（于建嵘，2005）。这些研究有助于我们认知和熟识农村土地纠纷问题。

（二）农村土地纠纷产生原因及影响因素分析

引发农村土地纠纷的原因纷繁复杂，既受到宏观政策、制度变迁、经济发展、社会

环境的影响，又与微观农户、所在村庄的特征行为密切相关。学者们主要从学理上对纠纷产生的经济、政策、制度及社会根源进行了探究，并分析其影响因素。我国土地制度的反复变迁，造成了农村土地的分配方式不断变换，特定地块的权属关系发生错综复杂变化，形成的诸多历史遗留问题导致部分土地权属关系界定不清，为土地流转纠纷埋下隐患（陆梦龙 等，2013；陈红霞 等，2010）。农业政策调整超出预期，一方面，国家取消农业税费、下发农业支持保护补贴，对农业发展的支持力度空前，土地资源效益大幅提升；另一方面，大量的农村土地被征占转为非农业用地带来了巨额的补偿，造成附着于土地上的利益大幅上升，超出农民预期，是引发农村土地纠纷产生的深层次根源（夏英 等，2018；黄敏，2017）。部分土地法律条文缺乏弹性，与现实的土地问题和农民土地观念存在脱节，以及法律规定间的内在冲突也可能产生土地纠纷（陈丹 等，2011；陆梦龙 等，2013；徐凤真，2011）。土地承包经营权确权也是诱发农村土地纠纷问题的一个重要导火索（曲颂 等，2018）。夏英等（2018）针对东、中、西部多个省（区）、不同类型农户开展的关于农村土地承包经营纠纷专项的连续调查研究结果表明，区位特征与地形地貌对土地纠纷的产生有显著性影响，或存在弱相关，或存在强相关，"三权分置"可能激发潜在的土地纠纷。也有很大一部分研究者从更微观的视角，对土地流转纠纷和征地纠纷的原因及影响因素进行了分析。土地流转中的管理失范和服务缺位，是导致部分土地流转纠纷发生的直接原因（陆梦龙 等，2013），微观主体虚置、强制流转、村干部权力过大、流转中正式契约签约率不足、农户感知的相对掠夺感等因素，增加了流转纠纷发生的可能性（郭翔宇 等，2010；高瑞琴，2011）。罗必良等（2013）的实证研究表明，缔约对象的亲缘性、缔约形式的非契约性及农户普遍存在的"价格幻觉"，是引发纠纷的关键。纠纷和行为主体的认知及其差异有关（谢琳 等，2013）。不同利益方的矛盾冲突、村民委员会成员侵害被征地农民利益、地方政府依赖土地财政，垄断经营土地一级市场、对"为公共利益需要"而征收规定不明确、行政与司法救济机制不完善，未充分发挥作用是造成土地征收纠纷越来越突出、暴力强拆不断发生、群体性事件增多的原因（邓春景 等，2015；吴磊 等，2013）。上述研究大部分都是泛泛而谈，尽管有一少部分研究基于某一具体地区或具体案例对农村土地纠纷的影响因素进行实证研究，但存在样本量太少、代表性略差的问题。

（三）农村土地纠纷解决对策研究

针对我国农村土地纠纷中的特点和产生的原因，学者们提出从完善土地制度和政策顶层设计、优化纠纷化解机制、推进村民民主自治进程，提高农户契约精神等方面来化解纠纷。夏英等（2018）指出，有关土地政策应有统一、明晰的顶层设计，避免政策"碎片化"，以及政策之间相互冲突，政策设计应保持一定的前瞻性。进一步扎实做好土地管理的基础性工作，完善土地确权工作，完善补偿制度，并注意将土地纠纷置于综合性农村改革下协同解决（黄敏，2017）。在纠纷的解决机制上，从消除纠纷产生的根源出发，构建注重调解的纠纷预防机制，同时充分发挥农村基层组织作用，强化农村土地纠纷仲裁解决机制，保证司法救济途径畅通的多元化纠纷解决机制，促进纠纷的及时有效解决（徐凤真，2011；李卫国，2015；白呈明，2009）。于水等（2016）基于土地流转纠纷"碎片化"的现实样态,提出土地流转纠纷"整体性"治理的实现路径,通过法律政策统一的司法调解模式,塑造民众与政府的合作治理平台及构建长效联动的治理机制,界定各主体的行为边界,实现中央、地方与民众的合作共治。谢琳等(2013)则认为进一步推进村民民主自治进程,减弱乡镇及以上政府对村党支部及村委会选举的干涉。明确农地所有权归属,将农地所有权界定给村民小组。加强农村文化建设,增强农村社会关联度等措施可以减少农地流转纠纷,保护农民权益。提高农户契约精神,鼓励农户按照合约办事,提高法律意识,避免各种违约行为出现,防止农户出现"货币幻觉"从而诱发土地纠纷(谢庆,2015;谢庆,2014)。也有少部分学者从司法的角度对法院予以审理的土地纠纷案件进行简单的梳理与呈现,并从司法的角度提出对策建议(亓宗宝 等,2008;张鹏宇,2011;龙翼飞 等,2012;汪青松,2013)。

(四) 研究述评

总而言之,已有的研究成果主要诠释了土地流转的纠纷类型、现实问题、生成逻辑、影响因素和策略指向,有助于认知和熟识纠纷焦点问题,缓和纠纷双方关系,稳定乡村社会秩序,为我们的研究奠定了良好的基础。然而,当下无论是基于何种角度的农村土地纠纷探析,其内容大都局限于土地纠纷的零碎现状扫描,缺乏对其发生机理和治理过程的整体性理论解析。同时,鉴于土地纠纷的敏感性,与此相关的数据较难获取,相关的实证研究非常少。既有实证研究大多采用静态研究方法,少有关注土地纠纷在时间、空间上的动态变化特征与趋势。而从不同地区的特点出发,对农村土地纠纷进行细化的研究则相对偏少,而事实上,农村土地承包经营权纠纷会由于区位关系而呈现不同的特点。对城郊农村尤其是特大城市农村土地纠纷情况进行研究的文献则更是凤毛麟角,尽管少部分研究以北京市为例,从司法的角度对北京市具体某区县的土地纠纷现状进行了简要描述(王辉 等,2010;龙翼飞 等,2012),但系统研究整个北京市农村土地纠纷的演化规律、生成逻辑的农业经济类文献基本还处于一片空白。

三、京郊土地承包经营纠纷现状和特点

(一) 纠纷数量处于较高水平并呈增长态势

总体来看,北京市不同时期的农村土地承包经营纠纷数量在不断增加,近几年尽管有下降趋势,但仍处于较高水平。以北京市各地受理的土地承包及流转纠纷总量来看,"九五"期间,土地承包经营纠纷总数为3 326.0件,年均665.2件;"十一五"期间增加到4 543.0件,其中,2009年的纠纷数量首次突破1 000件,达到1 134.0件;而到"十二五"期间,年均纠纷数达到超过1 000件,达到1 087.2件,是"九五"期间的1.63倍,基本平均每天有3件土地承包经营权纠纷发生。其中,2011年纠纷数量达到最大值,为1 309.0件,相比1995年增长了4.13倍,而后纠纷量略有下降,到2016

年，下降为799件，相比2011年，纠纷数减少了近40%，但仍处于较高水平，如表3-1所示。事实上，还有很多实际发生的纠纷并没有进入受理程序而没有进行统计，因此北京市真实的土地承包经营纠纷数量比现在的统计数量可能还要高。

表3-1　不同时期北京市农村土地承包经营纠纷数量　　　　　（单位：件）

"九五"		"十一五"		"十二五"	
年份	数量	年份	数量	年份	数量
1996	521.0	2006	780.0	2011	1 309.0
1997	576.0	2007	806.0	2012	1 148.0
1998	667.0	2008	542.0	2013	888.0
1999	686.0	2009	1 134.0	2014	1 142.0
2000	876.0	2010	1 281.0	2015	949.0
合计	3 326.0	合计	4 543.0	合计	5 436.0
平均值	665.2	平均值	908.6	平均值	1 087.2

数据来源：北京市农村工作委员会内部统计资料，下同。

（二）纠纷集中发生在重点工程和基础设施建设进程较快的城郊地区

从区域上看，重点工程和基础设施建设进程较快的城郊地区是纠纷的集中地。房山区纠纷一直呈高发态势，除2013年外，2011—2016年各年的纠纷数均高于200件，这期间的纠纷数占总纠纷数的比例高达24.00%，年平均登记纠纷数为245.33件，明显高于其他区域；此外，密云、平谷、怀柔的纠纷数量也相对较多，2011—2016年的年均纠纷数分别为151.17件、130.67件和112.00件，2011—2016年发生的纠纷数占北京市纠纷总数的比例分别为14.79%、12.78%、10.96%（表3-2）。这与近年来这些区域基础设施建设、新农村建设、大型工程建设加速开展，需要征用、占用大量农村土地，由此导致了各类纠纷有很大关系。相对比，门头沟区近年来发展相对较慢，纠纷数量最少，年均仅为21.17件。

表3-2　2011—2016年北京郊区受理农村土地承包经营纠纷

地区	纠纷（件）						2011—2016年合计	2011—2016年纠纷数占北京市总纠纷数的比重（%）	2011—2016年平均纠纷数（件）
	2011年	2012年	2013年	2014年	2015年	2016年			
门头沟	38	22	27	4	15	21	127	2.07	21.17
房山	292	213	137	322	241	267	1 472	24.00	245.33
大兴	34	101	67	194	100	27	523	8.53	87.17
通州	48	53	79	81	76	81	418	6.81	69.67
顺义	80	120	132	95	94	91	612	9.98	102.00
昌平	40	70	34	37	54	52	287	4.68	47.83
平谷	231	178	139	99	121	16	784	12.78	130.67
怀柔	247	247	33	56	40	49	672	10.96	112.00

(续表)

地区	纠纷（件）						2011—2016年合计	2011—2016年纠纷数占北京市总纠纷数的比重（%）	2011—2016年平均纠纷数（件）
	2011年	2012年	2013年	2014年	2015年	2016年			
密云	288	82	153	114	153	117	907	14.79	151.17
延庆	1	57	56	90	50	78	332	5.41	55.33
合计	1 299	1 143	857	1 092	944	799	6 134		

（三）流转纠纷迅猛增长但土地承包纠纷仍是最主要的纠纷类型

从纠纷类型上看，土地承包纠纷是北京农村土地承包经营纠纷中最主要的类型。尽管土地承包纠纷数量和其占总纠纷的比例整体上都呈下降趋势，纠纷数量从2009年的873件下降到2016年的473件，占总纠纷的比例从2009年的77.0%下降到59.2%，下降了17.8个百分点，但土地承包纠纷仍处于主导地位。其中，2015年、2016年门头沟发生的纠纷全部是承包纠纷，而延庆，2015年和2016年的承包纠纷占该区总纠纷的平均占比为91.4%，这是因为京郊农村土地增值所带来的现实利益之争下，涉案当事人以种种理由起诉收回承包土地或者重新发包土地，由此引发了大量的承包纠纷。土地流转纠纷数量迅猛增长，2009—2016年年均发生数量为240件，占总纠纷的比重7年间提高了28个百分点，达到37.3%，增长了3倍，如图3-1所示。除平谷外，2014—

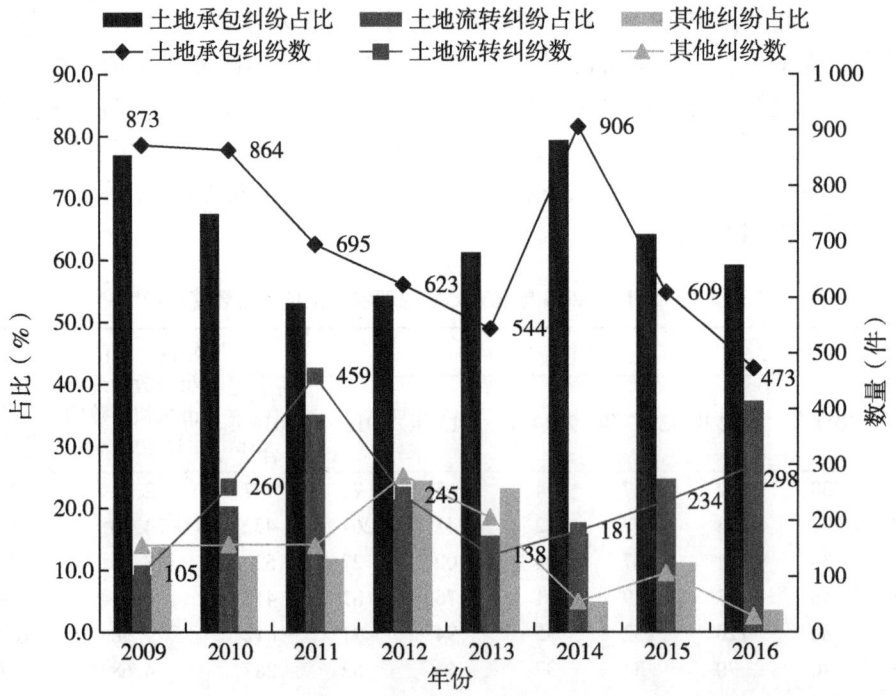

图3-1　2009—2016年北京市不同类型农村土地承包经营纠纷数量及占比

2016年流转纠纷占该区纠纷的比重大于50%为54.7%外,其他各地区这一比重都低于50%。

(四) 农户与村组集体之间的矛盾是纠纷最主要的形式

从纠纷发生主体上看,纠纷主体多样化,但发生在农户与村集体之间的流转纠纷是最主要的形式。流转纠纷形式上,一是,农户之间的土地纠纷,主要是农户之间因土地承包经营权流转发生的纠纷和土地承包经营权证发放过程中农户之间因承包土地四至范围不清发生的纠纷;二是,农户与村组集体之间的纠纷,主要表现为农户起诉村委会违规出租、发包村集体土地,部分农户起诉村委会或者村集体要求退回土地或重新承包土地,农户对征收(或征用)农地补偿不满意,村集体或村委会起诉村民要求收回出租、发包的土地等;三是,农户与其他主体之间的纠纷,主要是包括农户与县级政府之间由于土地承包经营权证登记和管理工作中存在的不规范、征地补偿的标准和分配引发的纠纷、农户与新型经营主体之间由于土地流转方面的问题引发的纠纷,以及农户与开发商之间的纠纷等。以2009—2016年的北京市土地流转纠纷涉及的主体为例,发生在农户与村组集体之间的流转纠纷总数为1 285件,占其间流转总纠纷的66.9%,农户与村组集体之间的流转纠纷各年占比均超过50.0%,平均为67.4%,2012年这一比重甚至高达89.0%;发生在农户之间、农户与其他主体之间的流转纠纷数分别为330件和305件,占总流转纠纷比重的平均值分别为17.19%和15.89%(图3-2)。

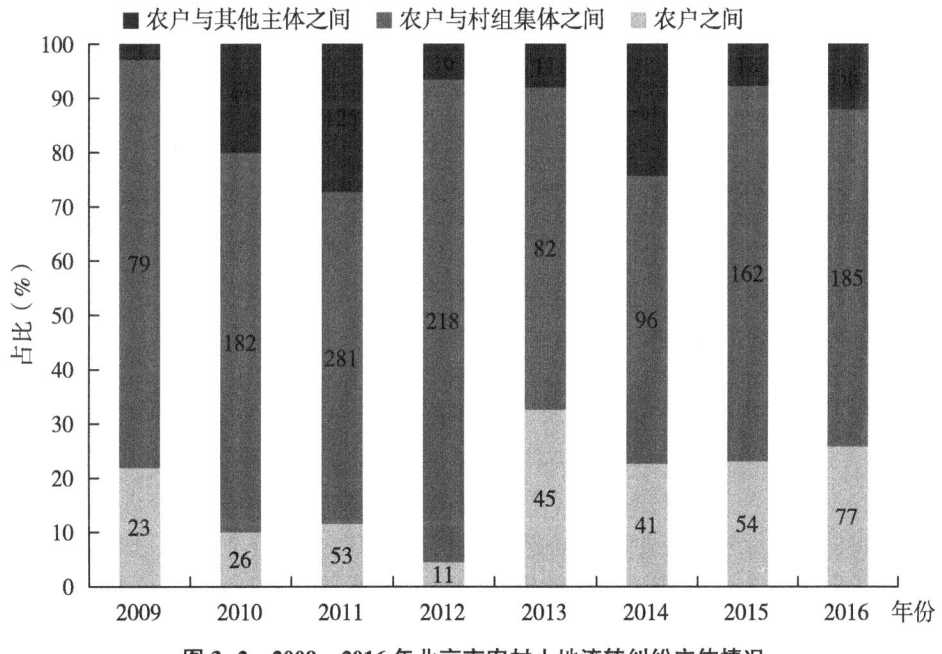

图3-2 2009—2016年北京市农村土地流转纠纷主体情况

(五) 纠纷群体性明显,矛盾冲突大,处理难度大

从法院审理的案件上看,北京市农村土地承包经营权纠纷具有串案数量多、牵涉面广、关注人多、根源复杂、处理难度大等特点。一是，纠纷的群体性明显。一方面，很大一部分的京郊农村土地承包经营纠纷的原告多是同村村民，被告则多是村委会、经济合作社、专业化公司，法律关系性质、争议事实及请求基本相同，此类案件的串案数量较多。例如，昌平法院2012—2014年3年审结农地使用权案件中串案数量多达158件，占全部案件的40%，比例远高于其他案件（何马根 等，2016）。另一方面，案件牵涉面广、关注人多。纠纷的当事人构成情况从表面看比较简单，很多纠纷只是由其中的一人或者几人起诉，但更多的纠纷当事人密切关注法院审判动态，旁听庭审，一个案件背后关联着上百个相关的案件，这种案件的处理往往具有极强的示范和导向作用。例如，怀柔法院受理的一起村委会要求解除与部分承包户的农业承包合同，涉及相邻几个村一百多户土地承包户的解除合同后补偿问题。但只有6户起诉要求补偿，其他当事人则在观望，并多次组织要求旁听案件审理。二是，如果纠纷的矛盾冲突大，处理不当，有可能爆发公共危机。土地纠纷的很多案件经济利益特征明显，存在严重的潜在冲突，使得案件的调解率、撤诉率比较低，同时还存在处理不当爆发公共危机的风险。例如，昌平法院2012—2014年3年审结农地使用权案件中，调解的和撤诉的案件分别占全部审结案件的9.4%、23.3%，分别比同期民事案件调解率和撤诉率低了近20个百分点、12个百分点（何马根 等，2016）。与此同时，该类案件根源复杂，司法渠道仅限于解决外部争议，对隐藏在背后的实质性争议或超出法律调整范围的事项则力所不及。

四、京郊土地承包经营纠纷化解成效

（一）纠纷调解仲裁投入增加，工作水平不断提高

在纠纷调解仲裁体系建设上，政府积极投入，工作水平有所提升，这也是北京市农村土地承包经营纠纷解决比例高的一个重要原因。一是，加强基层农村土地承包经营纠纷调解体系建设，各乡镇均设立农村土地承包调解委员会，村设立调解小组或指定专人调解。截至2016年年底，共设立187个乡镇调解委员会，有865名乡镇调解人员、3 260个村级调解小组、8 710名村级调解人员；二是，加强仲裁机构队伍建设，开展农村土地承包经营纠纷调解仲裁考核评价工作，加大仲裁员、调解员培训力度。各地区都设立了农村土地承包纠纷仲裁委员会，拥有仲裁委员会人员261人，聘任仲裁员309人，日常工作机构人员74人；通过各类培训班培训的人员大幅增加，2016年，共培训1 697人，其中参与市级以上培训的仲裁员81人。从区域上看，密云和顺义的乡村调解体系建设较为完善，乡镇和村级调解机构较为健全，调解人数较多；仲裁机构的工作经费最多的是房山，为29.10万元，除延庆外，其他地区都将仲裁经费纳入财政预算。仲裁培训人数较多的是平谷、怀柔，培训人数分别为358人和330人（表3-3）。但依然存在着乡村调解作用较小、仲裁员业务水平不高等问题。

表 3-3　2016 年北京市各地区农村土地承包经营纠纷调解及仲裁体系建设情况

地区	乡村调解体系建设情况				仲裁机构建设情况			
	乡镇调解委员会数（个）	乡镇调解人员数（人）	村级调解小组数（个）	村级调解人员数（人）	仲裁机构人员合计（人）	仲裁工作经费（万元）	培训人数（人）	参与市级以上培训的仲裁员（人）
朝阳	19	184	154	594	63	5.00	200	6
海淀	4	18	62	175	48	12.00	20	7
丰台	6	30	40	40	40	0.00	3	3
门头沟	9	28	168	526	49	0.39	208	8
房山	23	46	457	487	35	29.10	133	2
大兴	13	86	—	523	50	12.00	77	6
通州	10	52	416	1 750	49	19.80	27	4
顺义	19	76	396	792	50	10.00	210	4
昌平	21	55	303	607	51	3.41	78	12
平谷	17	88	273	977	42	20.00	358	8
怀柔	14	44	284	613	46	5.00	330	10
密云	17	85	331	965	37	4.36	45	10
延庆	15	73	376	661	84	10.00	8	1
合计	187	865	3 260	8 710	644	131.06	1 697	81

（二）受理的绝大部分纠纷已被调处化解

在纠纷化解成效上，北京市综合运用多种解决方式使得绝大部分的土地纠纷已被调处化解。2009—2016 年，共调处的纠纷总数为 8 397 件，调处化解纠纷的比例平均高达 97.09%，仅有 2.91% 的纠纷尚未得到妥善处理，未调处化解的比例远远低于全国 12% 的平均水平（夏英 等，2018）。北京市解决土地纠纷的能力有所增强，2009—2016 年，共有 253 件纠纷没得到解决，其中，2009 年、2010 年、2011 年、2012 年、2013 年、2014 年、2015 年、2016 年分别为 58 件、26 件、13 件、94 件、24 件、5 件、14 件和 19 件，从区域上看，朝阳、海淀、门头沟、顺义和密云的纠纷处理能力较强，2011—2015 年的所有纠纷全部得到解决，房山和平谷未调处得纠纷比例相对较高，分别有 6.97%、共 84 件和 5.08%、共 39 件纠纷没有得到处理。

（三）调解是纠纷最主要的解决渠道，仲裁发挥补充作用

在纠纷解决方式上，越来越多的纠纷通过区级、乡镇、村级调解解决，是当前北京农村土地承包经营纠纷解决最重要的渠道，极少部分通过仲裁渠道解决。2009—2016

年期间通过调解解决的纠纷数共 7 121 件，占调处纠纷总数的 84.8%，其中：除 2009 年外，通过乡镇调解解决的纠纷数要明显多于村民委员会调解解决的纠纷数，并呈逐年上升趋势，占调解纠纷数的平均比重分别为 79.02% 和 19.28%；通过仲裁解决的纠纷数量相对较少，2009—2016 年通过仲裁解决的纠纷数共 1 276 件，占调处纠纷总数的 15.2%，其中：仲裁和解或调解纠纷数、仲裁裁决纠纷数分别为 736 件和 540 件，占调处纠纷总数的比重分别为 8.77% 和 6.43%（图 3-3）。

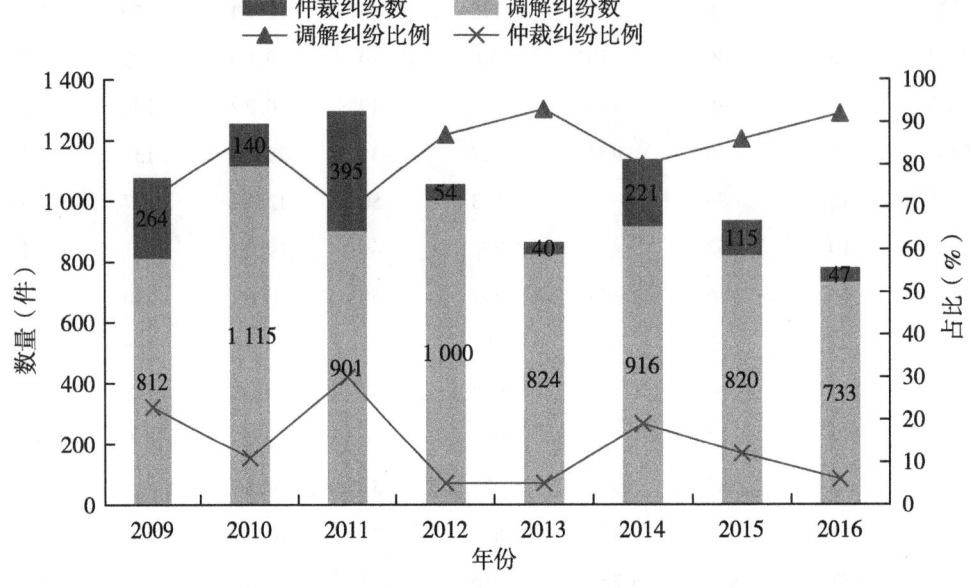

图 3-3　2009—2016 年北京市农村土地承包经营纠纷解决方式

五、城郊农村土地承包经营纠纷生成逻辑及典型案例

（一）土地收益大幅增加是纠纷产生的深层次根源

（1）惠农政策的贯彻落实和都市农业的快速发展背景下，土地资源价值效益"双提升"。土地资源价值和效益提升后，农民对土地承包经营权越来越重视，是纠纷产生的深层次根源。一方面，国家取消农业税费、下发农业支持保护补贴，对农业发展的支持力度空前，土地资源效益大幅提升。例如，2016 年北京市农业支持保护补贴中小麦补贴标准为 140 元/亩，玉米补贴标准为 97 元/亩。再加上存在补贴发放不规范的情况，部分农民即使不进行农业种植，也能通过各种不正当方式领到补贴，土地成为其赚钱的工具（王辉 等，2010）。另一方面，北京市城郊农业发展迅速，城郊农业的生产服务功能、生态服务功能、景观文化功能的经济价值大幅提高（李洪庆 等，2010），农村土地综合效益增加。在这种形势下，许多在城镇打工的村民开始返回家门要求承包土地，此前许多被弃耕的土地开始有人争相耕种，不少放弃土地经营权的农民欲收回自己的权

利,村委会发包出去的土地想要提前结束合同等,以赚取更多利润,由此出现了大量纠纷。

> **集体经济组织因承包费太低要求终止承包关系的纠纷案例**
>
> 原告LJT于1994年与北京市×××区×××镇×××村经济合作社签订了承包期为17年的果树承包合同,自1994年4月1日起至2010年11月30日止,1994年至2000年不收取承包款,2001—2005年每亩上交150元,2006—2010年每亩上交200元。2001年3月,×××合作社与1994年果树承包户达成变更合同的口头协议,将合同的承包期限延长至30年,其他权利义务不变。但2010年腊月,村委会因为租赁费太低,通过广播告诉承包户,要求收回承包土地。2011年3月,原告LJT将×××合作社诉至法院,认为耕地的承包期为30年,而且合同签订后,其投入了大量人力、物力,刚见效益,遂不同意终止合同,由此引发纠纷。法院一审过程中,确认双方于2001年达成的将果树承包合同期限变更为30年的口头协议有效,原告LJT撤回要求×××合作社赔偿损失的诉讼请求。
>
> 资料来源:北京市第二中级人民法院,2011。

(2)农村土地被征用带来的巨额利益之争。农村土地承包流转纠纷往往同土地征占补偿相伴生。北京市工业化和城镇化进程加快推进,大量的农村土地被征占转为非农业用地带来了巨额的补偿,在利益分配过程中,利益群体和利益阶层之间的冲突加剧。一是,高额的征地补偿使得土地流转人以种种理由要求土地流转合同无效,要求收回承包土地或者要求村集体解除土地承包合同,在集体经济组织成员间重新分配,由此引发承包经营纠纷;二是,村委会或村集体经济组织不经农民同意强迫征地、补偿款不发到农民手中、侵占挪用补偿款、占有产权模糊土地的补偿金,或者给农民补偿过低等行为引发与农户之间的纠纷;三是,在土地财政的压力下,政府依靠在土地一级市场的垄断地位,压低土地征收成本、抬高土地出让价格形成的"低征高卖"现象,必然会导致政府与农民之间的利益矛盾激化,引发日益突出的征地补偿纠纷。

> **农户间因征占补偿利益引发的纠纷案例**
>
> ×××镇×××村耿某于1990年2月28日与×××村委会签订了2项共7亩的果园承包合同,后耿某于1990年、1993年分2次将7亩果园交给其妻弟吕某经营,但双方并未签文字协议予以明确系转包还是转让。后国家修路征占了7亩果园的一部分,因补偿款分配双方发生了争执。吕某以自己始终向村委会交纳承包费,村委会应承认自己承包人身份为由向区仲裁委提出仲裁申请,并将耿某列为第三人。区仲裁委经审查认为,耿某与吕某之间的土地流转系转包关系,吕某长期向村集体交纳承包费系替耿某所为。因吕某在接包果园后并未与村集体重新签订承包合同,因此,其与村集体不存在发包与承包关系,因此裁决不支持吕某的仲裁请求,从而保护耿某的承包经营权。
>
> 资料来源:×××区仲裁委员会,2012。

（二）土地流转制度不规范是流转纠纷产生的直接原因

（1）基层组织操作不当、部分村干部不作为或利用权力牟取私利。京郊部分镇村集体在推进农业招商引资、农民集中居住、万顷良田工程等涉及土地使用权流转工作中，为了加快土地整理、招商引资等步伐，利用村民法律意识薄弱的弱点，在对外出租集体土地时，违背自愿和平等协商的基本原则，"软强迫"或"变相强迫"村民流转土地，甚至部分村委会直接连形式上的民主议定程序都不走，直接利用自己手中的权力将土地出租，导致农户与镇村集体产生矛盾。同时，北京市农村土地承包流转纠纷与一部分村干部滥用职权调整土地承包、违规收回、发包土地有一定的关系。例如，部分候选人为谋取上位向部分村民许诺重新调整土地、收回低价出租的集体土地以换取村民支持，而后无法兑现引发的纠纷。还有部分村委会干部为牟取私利，违规将村内土地发包给关系密切的村民产生纠纷。部分村干部在村民之间的土地流转纠纷发生后，不作为，将纠纷直接推向基层政府和法院，造成纠纷矛盾激化。

村委会操作不当引发的流转合同纠纷案例

2009年3月，×××区×××镇×××村108名村民将村委会告上法院。原告称在2008年11月，村委会工作人员通过倒签日期、由他人代替村民签名、签名的人根本不是土地的承包人等方式制作了108份流转合同，约定将108名村民承包经营的170亩土地流转给其他村委会经营，流转期限为10年。认为村委会并没有流转土地的权利，这种做法违背了土地承包经营权流转的平等协商原则和自愿原则，严重侵犯了村民的经济利益。村委会认为按照农村习惯，亲友代签虽不尽合法，但属常理常情，况且参与流转的村民在长达4年的时间里实际领取"确利金"和其他补贴的行为，应视为自愿接受合同成立的事实，由此引发土地流转纠纷。

资料来源：北京市×××法院，2009。

（2）土地流转合同不规范、农户契约意识薄弱。土地流转合同无效、不规范是引发京郊土地流转纠纷的突出原因。一是，很多流转土地没有签订书面流转合同，只有口头协议，土地流转随意性大，没有履行报批、报备案或申请变更登记等法定手续；二是，签署的书面流转协议，大多也不同程度地存在概念不清、约定不明、权利义务不确定等问题，流转主体不合法、不规范，对流转年限、租金额、租金调整方式、土地经营与维护、违约补偿等问题约定不明或没有约定的问题依然十分突出；三是，农户契约精神不强，不依法履行合同。例如，不按期缴纳承包费、掠夺性经营、破坏土地种植条件、未经发包人同意随意转包、发包方以各种理由随意解除合同，随意提高承包费等。此外，流转后经营不善，由于承包人缺乏经营管理经验或因宏观经济形势变化等导致经营亏损，使得合同约定的租金、收益分成无法履行，有些外地承包人甚至溜走逃债，这也是纠纷产生的一个重要原因。

> **农户契约精神不强引发的纠纷案例**
>
> 北京市×××区×××镇×××村MZQ与被告×××经济合作社签订了合同期限自1999年1月1日至2009年1月1日的土地承包合同。为避免合同到期后承包人遭受不必要的损失，被告在村内进行了多次广播，要求村民不要种小麦，并于2008年8月底9月初派村民代表发放书面通知给原告，主要内容为承包期至2009年1月1日的承包合同到期后，土地将由村集体统一收回统一发包，承包户不要再种植无法在2009年1月1日前收获的作物，如承包户收到通知后仍然种植无法在2009年1月1日以前收获的作物，由其自负责任。但原告口头同意后仍继续播种冬小麦。但原告作为承包方，其在被告多次通知的前提下仍然栽植了耕作期超越合同期限的农作物，由此引发纠纷。
>
> 资料来源：北京市×××区法院，2011。

（三）纠纷治理渠道和机制问题导致的现实困境

纠纷治理渠道及机制方面的问题制约了纠纷解决的实效。具体体现在以下几个方面：一是，乡镇政府的调解缺乏约束力。乡（镇）政府调解人员往往集中向村委会了解情况，难以掌握土地纠纷的真实信息（于水 等，2016）。同时，乡镇政府既是城郊区土地纠纷涉及的主体之一，又是城郊区土地的开发者和管理者，受制于政绩考核指标，不能作为代表农民利益的纠纷解决主体，调解结果缺乏有效约束力；二是，村委会和乡村精英的纠纷调解作用未能充分发挥。村委会或村集体、乡村精英最熟悉土地纠纷事实，它们参与调解更有助于降低行动成本，提高纠纷解决效率。但由于乡村的组织化程度较低、乡村熟人社会功能的进一步弱化使得他们的调解功能未能充分发挥，北京市通过村级调节解决的纠纷数仅占总纠纷的10%；三是，仲裁机构的设立部门、仲裁员组成、经费等具有浓厚行政色彩，一定程度上影响了纠纷解决的公正性和中立性。仲裁工作人员法律知识缺乏，受训时间短、范围窄等问题难以满足农村土地纠纷仲裁需要。而诉讼具有周期长，成本高、适应范围较为狭隘等不足，只能是调解和仲裁之外的补充；四是，纠纷治理机制不完善。随着北京市政府危机意识的提高，纠纷治理机制有所改善，但北京市土地纠纷治理机制中的利益诉求表达机制，预防和预警机制、评估、监督和反馈机制等的建设还相对薄弱，而且纠纷涉及的各个部门之间缺乏有效沟通协调，影响了治理成本和治理效果。

此外，我们还发现，在北京市农村土地确权的过程中，由于土地承包权证上登记面积与实测面积不符、耕地用途变更及婚丧嫁娶、新生人口和失地农民等特殊人群无地问题，造成过去沉积的问题演化为现实土地纠纷的情况时有发生。农村土地承包政策未落实到位，以及政策与农村土地法律制度滞后性之间的矛盾也是北京市土地纠纷产生的一个重要原因。

六、城郊农村土地纠纷防范与化解的案例分析——以 A 镇土地确权为例

土地确权颁证是农民心头的"权利定心丸",随着确权工作的全面展开,农地新旧矛盾叠加,纠纷四起,总结确权过程中纠纷防范与化解的典型经验能有效维护农村基层社会的稳定。以北京市大兴区开展土地确权颁证工作的 A 镇为例,在对其土地确权成效、存在问题及纠纷产生原因进行检视的基础上,总结其将纠纷隐患消除在萌芽、纠纷化解在基层的成功经验和实践案例。

A 镇区域面积 78 平方千米,农用地 6 186.67 公顷,其中耕地面积 3 586.67 公顷;共有 33 个行政村,总人口 31 156 人,其中农业户籍人口 23 641 人;2017 年农民人均收入 21 627 元。A 镇作为北京市大兴区的试点镇,较早开展土地确权颁证工作,为全区农村土地确权登记颁证工作积累经验。1998 年,A 镇开展了农村土地的二轮延包,2004 年进行了二轮延包补课工作,在此基础上发放了承包土地的合同证书,这为此后的农村土地承包管理工作奠定了扎实基础。2014 年,A 镇按照全市、全区部署,启动了农村土地确权颁证工作。该项工作以各村原有确权方案,以及承包合同为基础展开。到目前为止,全镇基本上完成了发证前的准备工作。

(一) 确权进展情况

(1) 试点 X 村及 A 镇的确权情况。早在 2008 年年底,X 村就进行了土地确权,确权面积 78.76 公顷,确权人口 716 人,户数 177 户,发放土地承包经营权证书 177 本。2014 年 8 月,A 镇率先启动 X 村确权登记颁证试点工作,在区镇村三级及技术公司的鼎力配合下,对 2008 年确权分地的 177 份档案资料、合同及台账和户籍资料等进行了整理;完成了整个村地块划分,划定地块 12 块,录入完成 476 小地块的地块编号及权利人信息,形成全村承包地块公示图、公示表;分别于 2014 年 10 月 11—17 日及 10 月 23—29 日进行了 2 轮张榜公示,全体农户在承包地登记基本信息表上进行了签字和摁手印确认,基本完成了发证前准备工作。在顺利完成 X 村试点工作后,A 镇又将另外 2 个村纳入确权登记颁证试点,两村共计确权农户 503 户,清理土地承包合同 479 卷,合同总面积 228.33 公顷,实测承包地面积 271.47 公顷。

A 镇于 2015 年全面推进土地确权颁证工作,完成土地确权登记 26 个村,完成公示合同面积为 2 032.93 公顷,实测面积 2 464.2 公顷,涉及农户 4 997 户,人数 21 236 人;2016 年年底,开展剩余 4 个村的确权登记颁证工作,这 4 个村历史遗留问题较多,工作存在一定难度;经过努力,2017 年年底,A 镇 33 个村全部完成土地承包经营权确权登记颁证工作权属调查和公示审核确认工作,累计开展确权土地总面积 2 855.47 公顷,实测承包地面积 3 257.8 公顷,清理土地承包档案 6 839 卷,调查承包方户数 6 839 户,涉及 28 850 人,农户签字确认率达到 97%。

(2) 确权工作步骤。A 镇采取边试点、边总结、边推广的办法,形成了一套确权

颁证的工作步骤。具体可以将确权工作步骤划分为前期准备阶段、权属调查阶段、公示登记存档阶段。

前期准备阶段包括成立机构、制定方案、宣传培训、清查档案。成立镇级和村级组织机构，镇级建立农村土地经营权确权登记颁证工作领导小组，成立矛盾调解组、政策咨询组、技术支持组、组织协调组、资金保障组、后勤保障组，村级成立相应的领导小组、政策咨询组、档案整理组和实地测绘组；分别制定《A镇农村土地承包经营权确权登记颁证工作方案》和《村级工作方案》；开展宣传培训，主管业务部门进村、入户、面对村两委班子成员、村工作小组人员、全体党员、成员代表等开展宣传及相关培训，讲解确权相关法律法规和政策，登记过程中遇到问题的处理方法，测绘公司现场指导测绘实际操作；清理核实档案，档案资料组认真核实土地承包方案、承包合同、承包台账等基础档案，确保信息准确。

权属调查阶段包括入户核实农户信息、制作工作底图、外业调查与测量、内业处理。由村组工作人员和测绘公司人员进村入户核实农户承包信息，进行承包地块权属调查。向农户发放并填写发包方调查表、农户承包地登记基本信息表；制作工作底图，依据大兴区经济和信息化委员会提供的正射影像图，形成用于调查和实测的基础工作底图；外业调查与测量，由村组工作人员、公司技术人员、承包户现场按照农村承包土地调查技术规范，现场共同指界确认承包户所属地块，对每个农户承包地块进行实地测量和绘图，形成标注了承包人地块编号、地块面积等信息的承包土地地籍草图；内业处理，根据外业调查、测量数据及地籍草图，制作土地承包经营权确权登记公示图及农户承包农户地籍示意图，填写农户承包地面积确认公示表。

公示登记存档阶段包括公示确认、材料报送、镇级初审及申请、区级登记发证、建立土地承包档案。在公示确认环节，农户承包地块分布图和农户承包地面积确认公示表经村集体经济组织盖章后，在村务公开栏内进行公示，公示审核确认完成后，填写农村土地承包经营权登记申请书及农村土地承包情况登记表；在材料报送环节，将农村土地承包合同、农村土地承包情况登记表统一报送到镇政府；在镇级初审及申请环节，由镇工作组对村级报送的材料初审。对符合规定的，及时登记造册，由镇工作组向大兴区政府提出颁发农村土地承包经营权证书面申请；区级登记发证，大兴区经管站对镇级报送的申请材料予以审核，并报区政府审批后，向承包农户发放农村土地承包经营权证书；建立土地承包档案，镇、村分别整理相关文件材料。

（二）确权过程中土地纠纷及其原因探究

A镇确权基础较好，确权颁证过程总体比较顺利，但在有些村尤其是最后4个村的确权登记颁证工作中也出现了不少问题，主要表现在以下几个方面。

（1）存在的主要问题。一是，少数村二轮承包原始档案资料不齐全甚至缺失、基础数据不准确，给确权登记颁证工作带来难度。二是，登记工作需要填报的表格涉及各承包农户家庭成员的个人身份信息，由于这些信息逐年更新，人员变动频繁，给收集整理增加了困难。三是，确权土地被部分征占，在确权登记颁证工作中无法准确地在确权土地中扣减被征占的数据，不能准确登记承包地面积。四是，土地分配不均、账地不符。有些村二轮延包时没有严格执行人均地均摊到户标准，使得各户承包地面积分配不均。同时，在确权实测中，还面临确权面积远远大于家庭承包土地面积，增加的土地面积如何确权的问题。另外，也有个别村因为村委会领导个人原因导致确权工作进展较慢的情况。

（2）主要纠纷类型及原因。一是，土地价值增加引发的承包纠纷。20世纪90年代，很多承包户为逃避赋税而放弃耕种，将土地抛荒或将土地转包。经调查统计，A镇Y村在2004年土地确权时因缴纳土地承包费共有25户自动放弃承包地，总面积为2.33公顷，占合同面积的2%。在税费缴纳被取消、各类耕种补贴陆续发放、土地被征用将带来高额补偿可能性等新形势下，农民欲收回自己的土地，由此引发土地纠纷。A镇确权过程中的纠纷绝大部分属于这一类。二是，土地流转纠纷。很多村民之间进行土地流转时，仅凭借口头约定，对其中的细节，如租金、时限都缺乏规定。随着确权工作开展，很难说清其中是非，引发纠纷。三是，村民对确权登记面积不满引发的纠纷。在1998年土地二轮延包时，为了少交农业税和乡村提留统筹费等，把实际耕种面积缩小后上报，有些村民开荒扩充了自己的土地，一直种植延续至今，使得土地权证上的面积小于实际耕种面积。在确权时按照在册面积进行确权登记颁证，致使农民不满，与村里产生矛盾纠纷。

（三）确权过程中土地纠纷防范与化解的成功做法

（1）通过财产权和成员权的统一，保障新增人口利益。A镇X村在进行土地确权时，为解决未参与土地二轮承包的新出生、新嫁入等人口纳入确权会导致土地越分越碎，不纳入又会导致其利益受损而引致纠纷的情况，采取了以下办法：将村集体流转的9.33公顷土地所产生的收益，在经过全体成员的同意下，将收益的30%用于集体公共基础设施建设，剩余70%用来在所有村集体成员之间进行分配。2016—2018年，X村集体土地流转费收入分别为18.2482万元，39.884万元和33.411万元，在扣除留存村集体的收益外，平均每人获得168.74元、364元和301元的收益。这样，新增人口虽不参与"分田"，但也能享受土地有效利用新增的效益。这种处理方式既顾全了政策文件的实施要求，又一定程度上满足了新增人口的现实权益，确保土地确权结果的持续稳定，有效防范了土地纠纷产生。

（2）按照统一的人均耕地面积进行确权。L村在1998年二轮延包时没有严格执行人均地均到户标准，承包地面积分配不均，尤其是一队和二队面积差异较大。因此，A镇政府采取了按照统一人均耕地面积0.107公顷的办法进行确权。但因为平整土地等原因，地块边缘的农户耕地面积增加，使得实测面积要大于合同面积，由此村民对按照人均0.107公顷进行确权产生了异议，引发了纠纷。最后，A镇从实际出发，采取按照人均0.113公顷的办法进行确权，由此解决纠纷。

（四）确权过程中土地纠纷防范与化解的经验及启示

A镇将确权过程中出现的大部分矛盾纠纷有效化解在组内、村内，全镇只有少数村组间矛盾纠纷没有在基层调解解决而进入仲裁。

（1）完备的工作方案，将矛盾防患于未然。尊重民意，出台以农民群众为主体的完备的确权工作方案。在被定为试点之初，区、镇、村工作人员多次参加市级培训，到其他区学习先进工作经验。推进过程中，广泛发动群众积极参与试点，进村、入户，面对村两委班子、村工作小组、党员、成员代表等开展培训工作，宣传确权颁证的意义、目标、流程、途径等，打下广泛群众基础，减少了由于群众对政策不理解、误会而引发的矛盾。工作方案中对可能出现的各种矛盾，给出了相应的处理措施，防患于未然。如重大事项均经代表民主讨论决定，对存在争议的地块，待争议解决后再进行确权登记颁证；对与现有土地承包档案记载的土地承包状况有较大误差且农民群众要求实测的，采取全球定位系统定位仪等方式测量查实；开展两轮公示，对提出的异议及时进行审核、修正，并再次进行公示，直到无异议为止。

（2）有效的工作格局，及时发现并处理确权中出现的问题和矛盾。高度重视涉地矛盾纠纷化解工作，充分构建起了"农民主体、村级主力、镇级主导、部门联动、公司配合"的组织体系和工作格局，实现区、镇、村及测绘公司四方对接，及时处理问题。区、镇、村三级均成立了工作机构，村里成立了工作小组，并以各联村党总支为单位分成6个工作小组，到各村全程指导工作；镇里成立了专门的矛盾调解组，主要负责处理确权中发生的各种突发事件和上访事件，确保实测确认阶段矛盾纠纷有专人接待、专人负责、专人处理；区建立了请示报告制度，A镇在遇到确权中无法处理的矛盾纠纷时，可以以书面形式报区土地确权登记颁证工作领导小组办公室，由其及时研究解决并予以答复；各级部门给予技术公司支持和配合，确保测量数据准确性，减少矛盾发生；同时农经、信访、司法、公安、国土等部门紧密配合，形成了上下一体、有效联动的工作格局，切实做好源头预防和排查预警工作，协调处理有关矛盾。

（3）乡村调解作用的充分发挥，将土地纠纷化解在田间地头。A镇在实际工作中主要利用镇级和村级组织将土地争议化解在基层。村级调解人员主要是村委会和乡村经济精英、退休的村干部、热衷于竞选村干部的普通农民、党员等，其熟知民情，有一定威望，同时又了解各种土地纠纷由来，在纠纷调解中有效降低了纠纷调解成本，提高了纠纷解决效率。土地纠纷在村级确实无法解决的情况下，再上报A镇解决。A镇对确权过程中出现的纠纷基本做到了"小事不出村，大事不出镇"，将纠纷成功化解在田间地头。同时，大兴区以确权登记颁证为契机，不断建立健全乡村调解、县市仲裁、司法保障的土地承包经营纠纷调处体系。

七、城郊农村土地承包经营纠纷化解对策

北京市土地承包经营纠纷的产生包含宏观政策、制度变迁、经济发展、社会环境等各方面因素。农业经营主体多元化、经营方式多样化、利益诉求多极化使得围绕承包地"三权分置"的权属利益关系变得更加复杂，由此引发的土地纠纷也呈多发、复杂化态势，成为当前北京市政府需要高度关注并迫切需要解决的问题之一。

（一）完善法律制度，加强政策设计，使法律政策与乡村现实相兼容

利益驱动是京郊农村土地承包经营纠纷发生的原动力，完善的法律制度和政策体系则是规范利益选择的基石。因此，可以从以下几个方面来规范利益选择。

首先，加强与城郊农村土地纠纷相关的法律建设，这是纠纷各种解决路径有效运用的前提和基础。已有的有关农村土地纠纷解决的规范性法律文件相对比较原则、可操作性差，缺乏实施办法或实施细则。而城郊区土地纠纷问题极其复杂，在处理中不存在一部完整的、专门的法律对城郊区土地纠纷的解决机制进行规定。因此，应当尽可能明确规定与城郊农地纠纷相关的实体性问题，如农户承包权、土地经营权的制度问题，尤其征地补偿问题，需重新制定《北京市征地补偿安置办法》等。

其次，确保各个法律法规政策之间的统一，避免相互矛盾。当前，法律法规为审理京郊农地使用权案件提供了法律依据，但是审判实践中却遇到了与相关国家政策相冲突而无法执行的情况。为此，中央层面应建议立法机关统一《土地管理法》和最高人民法院《关于审理农业承包合同纠纷若干问题的规定（试行）》的法律条文的规定，避免因法律法规的相互冲突导致法律适用难度的增加。

最后，实现法律政策与村规民约的兼容。乡村秩序和社会关系不仅受法律政策的指导，还深受村规民约、风俗习惯等非正式制度的约束，实现法律政策与乡村现实的兼容，可以一定程度上从源头上遏制土地纠纷的发生。例如，在具体的出嫁女、上门女婿、大中专学生等具备农村集体经济组织成员资格的土地承包权问题、农村土地承包的具体程序、农村集体经济组织在农村土地承包过程中的各项行为等问题上，北京市应当根据自身实际情况出发进行具体规定。

（二）规范土地流转，加强村民自治，避免各种不当行为发生

京郊农村土地流转发展较快，但土地流转缺乏系统有效的制度保障，建立规范有序、灵活有效的农地流转机制成为解决当前农地流转纠纷的核心内容。

一是，进一步明确流转主体。京郊各区县积极创新土地流转方式，出现了反租倒包、农地信托、农地入股等集体供给流转形式，如密云水漳村等开展了土地信托"双合作模式"，合同关系较为复杂，与土地承包法中的"土地承包经营权流转的主体是承包方"规定产生了矛盾，极易引发纠纷。应当根据实际，明确流转主体，减少由于流转主体不明确而导致的不必要纠纷。

二是，加强土地流转合同管理。严格按照《北京市农村土地承包经营权流转合同》范本签订流转合同，明确流转的形式、数量、年限、条件及双方的权利、责任、义务等；出台规范性文件对土地承包经营权流转期限进一步加以明确界定，防止第二轮土地承包期限到期后产生新的纠纷；可根据京郊农村土地具体的地形特点制定土地流转价格指导价，保证农民获得与土地价值相适应的流转收益。

三是，完善京区县、乡镇、村三级的土地流转指导、服务和管理网络。健全土地流转登记制度和土地流转服务平台，开展土地承包经营权流转供求登记、信息发布、土地

评估、政策咨询等配套服务工作;村委会要根据各自区域的实际流转情况做一次全面清查,并将流转情况进行登记、备案,有序管理。

四是,加强村民自治和集体所有权制度建设。加强民主议事制度建设,保障集体经济组织成员或代表依法行使知情权、表达权、参与权、监督权、决策权,防止一些乡村干部利用权力以集体所有权为借口而随意收回农户承包权,以及在集体所有权受到侵害时无所作为或无能为力的现象。另外,农户层面需提高契约精神,提高法律意识,避免各种违约行为出现。

(三) 优化纠纷解决渠道,完善纠纷治理机制,提高纠纷调处效率

协调好农村土地纠纷各主体间的利益,诉诸多元化、灵活多样、有效链接的治理路径和机制来应对多重农村土地纠纷。

一是,点活村级调解在纠纷化解中的"稳压器"作用。充分发挥乡土社会熟人最了解纠纷实际情况、调解成本最低等优势,将村委会和乡村经济精英、退休的村干部、热衷于竞选村干部的普通农民、党员等力量纳入乡村纠纷调解体系,加强法律知识专业培训,提高乡村精英能力和乡村组织化程度,为有效参与及化解纠纷提供便利条件。

二是,土地纠纷仲裁机构去行政化,人员队伍专业化,确保纠纷解决公正性。可以考虑将仲裁机构设为不附属于行政机关的独立机构,由法律、土地专业人士和有实际工作经验的人员担任仲裁委员会;完善纠纷调解仲裁体系工作人员培训计划,形成长效机制,对纠纷调解仲裁工作相对薄弱的区域,应加强指导。

三是,建立纠纷调处机构及涉农单位之间常态化沟通协调的链接机制。北京市农村土地承包经营纠纷案件政策性强,调处时涉及诸如仲裁机构、妇联、信访部门、国土部门、林业部门等多个部门。为此,应建立涉及部门之间的常态化沟通协调机制,充分利用和发挥各部门在纠纷处置中的资源与优势,对相关政策、纠纷处理中问题和困难等进行分析、排查京郊各类焦点性、群体性纠纷,提高调处纠纷效率。

四是,建构多维连贯的农村土地纠纷化解治理机制。农民缺乏合理有效的利益诉求和表达机制,是导致京郊农村土地纠纷甚至群体性事件的重要原因之一。应建立制度化的利益表达机制,尤其是失地农民等弱势群体利益诉求机制,引导农户以理性、合法的形式表达利益诉求,防止其因为土地价值的上升而产生心理失衡诱发纠纷;建构和完善京郊农村土地纠纷,尤其是群体事件的社会预警机制,抓住治理纠纷的黄金时间,着力解决土地流转、承包和征占中人们反映强烈的问题,有效防范和处理京郊土地纠纷突发事件。

参考文献

白呈明,2009. 农村土地纠纷及其解决机制的多维观察——以陕西省为例 [J]. 调研世界 (8):8-10,26.

蔡虹,2008. 农村土地纠纷及其解决机制研究 [J]. 法学评论 (2):143-150.

陈丹，陈柳钦，2011. 新时期农村土地纠纷的类型、根源及其治理［J］. 河北经贸大学学报，32（6）：71-78.

陈红霞，孙晶凤，2010. 我国农村土地流转纠纷的成因及防范措施［J］. 黑龙江省政法管理干部学院学报（12）：78-80.

邓春景，王晓敏，2015. 城镇化背景下农村土地流转纠纷解决机制的完善［J］. 技术与市场，22（12）：370，372.

董立山，2013. 农村土地纠纷的类型化梳理与解决机制研究——基于惠州市农村土地纠纷的调查［J］. 湖南科技大学学报（社会科学版），16（1）：73-77.

杜德鱼，2013. 农村土地承包经营权流转纠纷及其防控对策研究［J］. 安徽农业科学，41（6）：2704-2706.

范文涛，2010. 农村土地纠纷的类型化及解决机制研究［D］. 重庆：西南政法大学.

高瑞琴，2011. 中国农村土地纠纷中农民的心理状况分析及认知调整［J］. 农学学报，1（10）：60-64.

郭翔宇，王颜齐，2010. 农户与村干部土地流转纠纷的博弈分析［J］. 农业经济与管理（1）：38-43.

何马根，潘俊美，2016-12-29. 农村土地使用权纠纷的现状及司法治理分析[EB/OL].https：∥cpqfy. chincourt. gov. cn/article/detail/2016/12/id/4008882.shtml.

黄敏，2017. 农村土地纠纷的影响因素与解决方式探讨［J］. 技术与市场，24（1）：141，143.

李卫国，2015. 浅析我国农村土地承包经营纠纷仲裁［J］. 理论月刊（1）：161-164.

龙翼飞，赵岚音，2012. 农村土地承包经营权流转法律问题新探——以北京地区部分基层人民法院所审理土地承包经营权流转纠纷案件为例［J］. 法学杂志，33（5）：50-55.

陆梦龙，梅东海，2013. 农村土地流转纠纷原因起底［N］. 东方早报（010）.

罗必良，刘茜，2013. 农地流转纠纷：基于合约视角的分析——来自广东省的农户问卷［J］. 广东社会科学（1）：35-44.

马梓航，2015. 城市化进程中城郊土地纠纷解决机制研究［D］. 长春：吉林大学.

梅东海，2008. 社会转型期的中国农村土地冲突分析——现状、类型与趋势［J］. 东南学术（6）：36-41.

亓宗宝，史建民，2008. 土地承包经营权流转纠纷实证研究——从9宗诉讼案例谈起［J］. 农业经济问题（1）：80-84，112.

曲颂，郭君平，夏英，2018. 确权和调整化解了农地纠纷吗？——基于7省村级层面数据的实证分析［J］. 西北农林科技大学学报（社会科学版），18（2）：71-78.

史卫民，2010. 农村土地承包纠纷：特点、类型及其解决［J］. 理论探索（1）：121-125.

史卫民，2010. 农村土地纠纷的主要类型与发展趋势［J］. 现代经济探讨（1）：68-71.

司法大数据研究院，2018-05-02. 京沪土地纠纷案件数据报告（2016—2018.3）［R/OL］. http://www.court.gov.cn/upload/file/2018/05/02/12/29/20180502122909_53608.pdf.

汪青松，2013. 土地承包经营权流转方式的制度效果分析——基于流转纠纷司法裁判文书数据挖掘的实证视角［J］. 农业经济问题，34（7）：62-70，111.

王辉，祝兴栋，2010. 北京市怀柔区人民法院关于农村土地承包流转纠纷的调研//当前我国宏观调控背景下的热点法律问题高端论坛［C］.

吴磊，郑风田，2013. 我国农村引发征地纠纷的原因探析：农户行为视角［J］. 兰州学刊（11）：185-192.

夏英，张瑞涛，曲颂，2018. 基于大样本调研的农村土地承包经营纠纷化解对策［J］. 中州学刊（3）：38-44.

谢琳，罗必良，2013. 土地所有权认知与流转纠纷——基于村干部的问卷调查［J］. 中国农村观察（1）：2-10，20，90.

谢庆，2014. 农户禀赋特征对农地流转纠纷解决的影响——来自于广东梅州、增城问卷数据检验［J］. 南方农村，30（8）：60-65.

谢庆，2015. 土地流转与土地流转纠纷——基于交易视角的实证分析［J］. 南方农村，31（1）：39-46.

徐凤真，2011. 农村土地流转纠纷及其解决机制［J］. 理论学刊（3）：72-76.

于建嵘，2005. 土地问题已成为农民维权抗争的焦点——关于当前我国农村社会形势的一项专题调研［J］. 调研世界（3）：22-23.

于水，丁文，2016. 土地流转纠纷的治理：从"碎片化"到"整体性"——基于江苏SY县的田野调查［J］. 华中科技大学学报（社会科学版），30（1）：34-41.

张鹏宇，2011. 农村土地承包合同纠纷案例分析报告［D］. 重庆：西南政法大学.

张晓涛，2009. 论农村群体性事件的成因及法律规制［D］. 北京：中国政法大学.

第二篇
农村劳动力就业问题探讨

第四章 农村劳动力就业总体现状、演变规律及供需形势

一、引言

中国农村劳动力就业管理体制和政策随着改革开放进程和经济形势变化而跌宕起伏。从 20 世纪 80 年代初着眼于放宽就业限制政策，到 90 年代的规范有序流动政策，到 21 世纪以户籍制度改革为引领的流动、公平和融合政策。2011 年后步入既促进农村劳动力城市就业渠道增加和质量提升，又支持各类人才返乡创业创新和拓展农村就业空间发展的新阶段。进入新发展阶段以来，我国农村劳动力的就业结构和特征发生了显著变化，劳动力的供需形势呈现新特征，农村劳动力的就业意愿出现分化，这些变化将延续到"十四五"时期。总体来看，我国农村劳动力就业呈现以下 3 个阶段性特征。

一是，20 世纪 80 年代，乡镇企业蓬勃发展，限制劳动力城乡流动的政策松动，农村劳动力开始快速就近就地转移，开启了农村劳动力市场化改革。相比庞大的农村剩余劳动力存量，该阶段转移规模仍较小，1994—1998 年的年均转移率仅有 2.63%（欧阳慧，2020），转移方式以就近就地转移为主，1988 年占比为 60%（张忠法 等，2001）。在此期间，迅速崛起的乡镇企业是就近就地转移就业的主要载体，1984—1988 年，乡镇企业从业人数年均增加 1 084 万人，年均增速为 20.8%，1992 年之前，农村平均每户常住人口中在乡镇企业就业的劳动力数一直高于外出就业劳动力数。1992 年以后，东部沿海地区城市开发和经济建设热度加大，对农村劳动力的需求增强，外出转移就业开始快速增长。

二是，中国正式加入世界贸易组织（WTO）后，外向型制造业为农村剩余劳动力提供了大量就业岗位，全球化带来的就业红利一直延续至今。该阶段大致分为 3 个时期：2000—2008 年，劳动密集型企业充分利用我国劳动力的成本优势，抓住美欧等发达经济体转移低附加值、劳动密集型产业的历史机遇，快速带动农村剩余劳动力转移；2009—2016 年，受国际金融危机影响，出口部门对农村劳动力的吸纳能力短期出现回调；2017 年至今，国内外产业结构和分工格局加快调整，出口部门的就业带动能力有所减弱，但是劳动密集型产业依然是农村劳动力就业的重要渠道。

三是，进入新时代以来，就地就近就业创业和外出转移就业并举是主要特征。这一阶段，打破了长期以来农村劳动力向发达地区城市单向流动的态势，农村劳动力逆向流动悄然兴起，就近就地创业就业成为农村劳动力就业的新常态。农村劳动力的就地就近

转移态势，主要体现为外出农民工的回流和农民工返乡创业就业的如火如荼。据2019年全国农民工监测调查报告，2018年我国农民工总量中，外出农民工17 266万人，比上年增长0.6%；本地农民工11 570万人，比上年增长0.9%，本地农民工增速快于外出农民工增速，本地农民工占总农民工的比重从2011年的37.25%上升到2018年的40.12%，提高了2.87个百分点。在农民工返乡创业方面，自2015年正式启动返乡创业试点工作以来，农民工成为当前返乡创业主力军。2017年，我国返乡创业的农民工已经超过了700万人，比2015年增加了250万人，增幅达到了两位数。2016年和2017年返乡创业群体中农民工分别占71.0%和71.9%，远高于大学生、退役士兵等群体的占比，具体如图4-1所示。

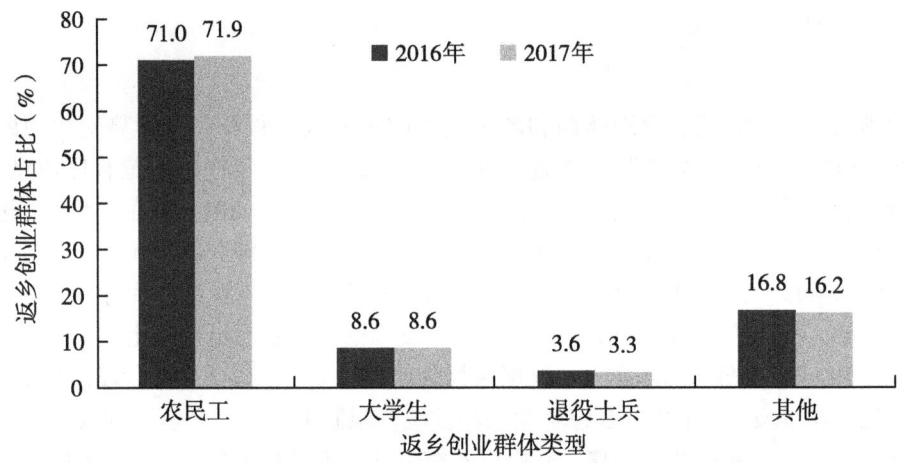

图4-1 不同类型返乡创业群体的占比（2016—2017年）
（数据来源：国家发改委内部统计资料）

二、农村劳动力就业总体现状及演变规律

农业就业、本地非农就业和外出务工就业是农村劳动力就业的三重空间，并在就业流向、就业行业、就业主体上呈现独有的演变规律。

（一）农村劳动力就业结构

1. 农业就业

一是，农业生产效率不高，农业就业不充分。近年来我国农业生产效率有所提高，但与世界发达国家相比，仍有较大差距。二是，农业劳动力"老龄化"、低素质化突出。全国农普数据显示，2016年55岁及以上农业生产经营人员占比超过1/3，而30岁以下年轻人几乎没人从事农业生产（张林秀，2019）。同时，农业生产经营人员受教育水平仍以小学、初中为主，2016年占比达到85.4%。高中及以上教育程度的比例在2006—2016年仅有小幅提升，增加4个百分点。

2. 本地非农就业

县域经济活力不足，本地非农就业提升缓慢。2000—2017 年，乡村非农产业就业人员仅增加了 1 788 万人，2017 年为 1.4 亿人。农普数据显示，农村非农就业以务工就业为主，占比高达 76%，雇主、自营、公职、其他从业方式的就业比例分别为 0.9%、11.1%、1.9% 和 10.0%。制造业、建筑业和批发零售业是本地非农就业的主要行业，2015 年全国 1% 人口抽样调查数据显示，制造业、建筑业、批发和零售业中本地非农就业占非农就业总数的比重分别为 35%、19.7% 和 15.9%，三者之和超过 70%。

3. 外出就业

外出务工人员增速下降，回流趋势明显，但仍是农村劳动力就业主渠道。2018 年外出农民工规模为 1.73 亿人，2011—2018 年年均增加 200 万人，但增速从 2011 年的 2.6% 下降到 2018 年的 0.5%，年均增长 1.2%，低于同时期农民工总量 1.9% 的增长速度（图 4-2）。外出农民工占农村劳动力的比重由 34.4% 上升到 2017 年的 44.2%。也就是说，将近每 2 个农村劳动力中就有 1 个人在家乡以外的地方持续 6 个月及以上的就业。外出就业人员在收入、居住状况、教育、社会融合等方面有一定改善，但仍面临随迁儿童升学难、费用高、融入程度低，基层政府管理服务跟不上农民工现实需求等问题。

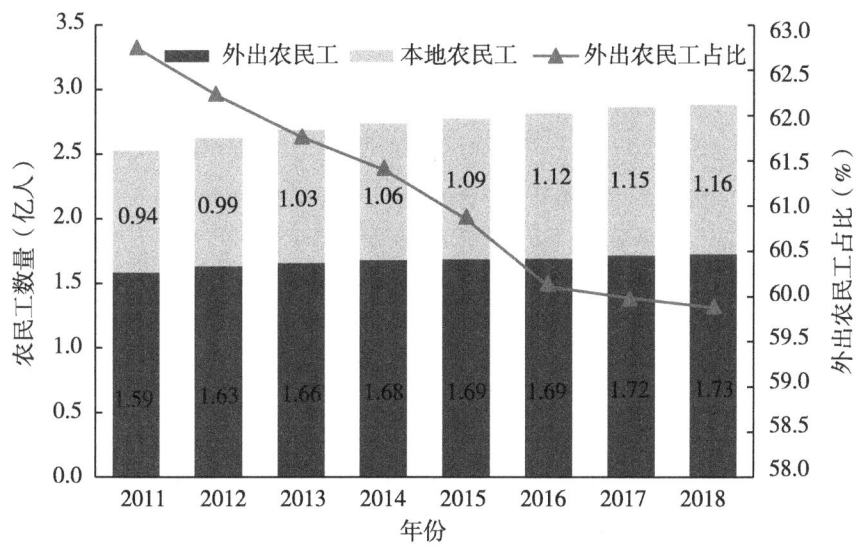

图 4-2　2011—2018 年外出农民工规模及增长率

［数据来源：国家统计局，农民工监测调查报告（2010—2018）］

（二）农村劳动力转移就业演变规律

1. 就业流向演变规律

农村劳动力转移就业流向经历了从就地转移为主到异地转移为主再到就近转移态势的过程。转折点 1：1992 年，农村家庭住户外出就业劳动力数首次超过乡镇企业劳动力数。

平均每户常住人口中在外从事劳动的人数和在乡村企业的从业人数分别为0.15人和0.14人，到2000年达到前者是后者的近2倍（图4-3）。转折点2：2011年，外出农民工增速下降且首次低于本地农民工增速。外出农民工增速从2010年的5.5%下降到2011年的2.6%，低于本地农民工5.9%的增速，目前仍延续这一趋势（图4-4）。表明农民工"回流"与就地就近流动趋势显现。转折点3：2011年，全国外出务工省（区、市）内规模首次超过跨省（区、市）规模。2011年全国外出务工省（区、市）内规模占比53%，在2011—2018年提高了3个百分点，2018年达到56%。其中，西部地区外出农民工偏好于省（区、市）内流动趋势更明显，从2011年的43%增加到2018年的50.4%。

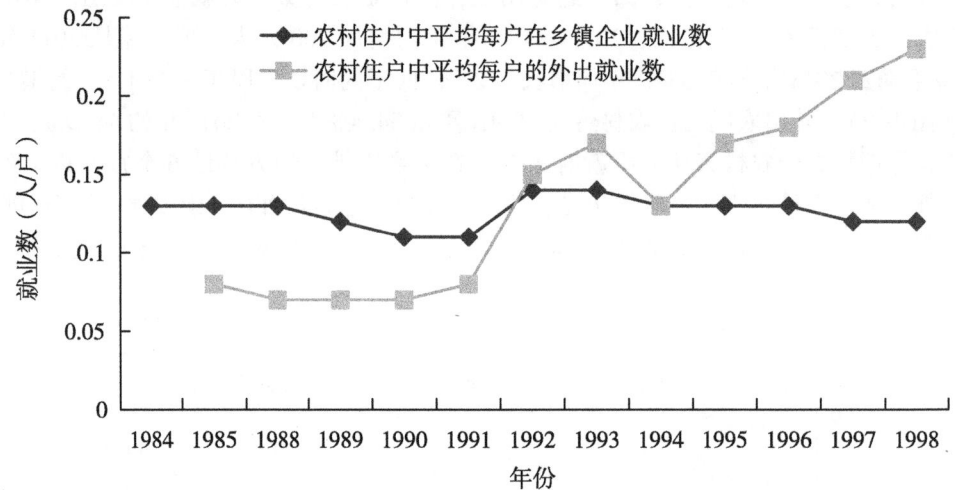

图4-3　农村住户中平均每户在乡镇企业及外出就业数
［数据来源：《中国农村统计年鉴》（1985—1999）］

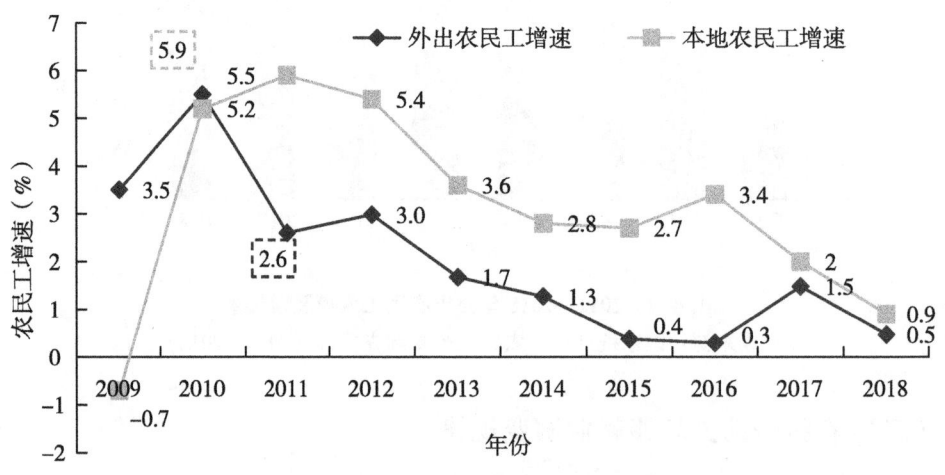

图4-4　本地农民工与外地农民工增速
［数据来源：国家统计局，农民工监测调查报告（2010—2018）］

2. 就业行业演变规律

农村劳动力转移就业行业历经了从劳动密集型制造业为主导到劳动密集型建筑业为主导再到劳动密集型服务业为主导的过程。转折点1：2008年，建筑业接棒制造业成为吸纳农村劳动力就业的第一行业。2008年之前，劳动密集型制造业发展推动了农村劳动力转移就业井喷，多达8 385万农民工在制造业实现就业。为应对金融危机，2008—2013年基础设施建设和城镇化进入加速通道，建筑业年均新增农村劳动力就业超过570万人。转折点2：2013年始，服务业发挥农村劳动力就业"稳定器"功能。2013年之后，经济发展乏力，城市各类投资下降，传统劳动密集型制造业和建筑业吸纳空间大幅减少，2013—2018年累计减少的制造业和建筑业农民工分别为400万人和750万人，而劳动密集型服务业就业增加超过1 600万人。各阶段主要行业农村劳动力转移就业人数年均变化见图4-5。其中：批发零售和居民服务、修理和其他服务业年均新增就业分别达90万人和133万人，两者对劳动密集型服务业农民工就业增加贡献率高达67%，显示出吸纳农村劳动力就业的巨大潜力。同时，2018年第三产业就业农民工人数占总量的50.5%，首次超过第二产业。

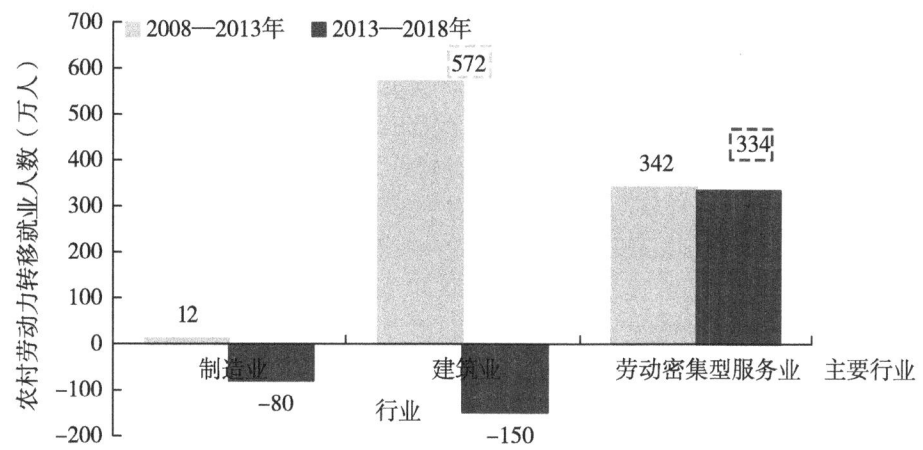

图4-5 各阶段主要行业农村劳动力转移就业人数年均变化

注：由于农民工监测自2008年开始统计，此处没有列示2008年之前制造业主导阶段。劳动密集型服务业包括批发和零售业、交通运输、仓储和邮政业，住宿和餐饮业，居民服务、修理和其他服务业。

[资料来源：根据国家统计局《农民工监测调查报告》（2008—2018）的数据计算而来]

3. 就业主体演变规律

农业转移劳动力就业主体完成代际转换，从第一代农民工到以80后、90后新生代农民工，未来将向市民化农民工、创业型农民工、职业型农民工转型。转折点：2017年，新生代农民工占比首次过半。第一代农民工年龄大多已60岁左右，不少已返回农村老家，退出农民工行列，取而代之外出打工的是他们的第二代，即新生代农民工。国家统计局数据显示，2017年，1980年及以后出生的新生代农民工占比首次过半，占农民工总量的50.5%。未来转型方向：市民化农民工、创业型农民工和职业性农民工。中央提出农业农村、就业、教育优先发展,加快农业转移人口市民化,实施乡村振兴等重大举措给农民工转型发展提供了重要机遇。户籍制度改革深化,城市群基础上大中小城市和小城镇的协调发展,以及城市治理体系的完善,有助于推动农业转移人口向市民化农民工转型;"大众创业、万众创新"政策号召和创业环境改善,农民工向创业型农民工转型是未来的一个重要趋势;多形式、多层次农村职业教育和农民工职业培训,将促进农民工向职业型农民工转型。

三、"十四五"时期农村劳动力供给和需求变化趋势

"十四五"农村劳动力就业形势发生重大变化,机遇与挑战并存。农村劳动力供给规模、供给结构和供给意愿深刻调整;国际形势处于百年未有之大变局,对农村劳动力就业需求的影响更加错综复杂;国内制造业转型升级、乡村振兴战略实施、返乡创业良好局面,以及家政服务、互联网为代表的新兴行业高速发展带来需求形势的变化。

(一)"十四五"农村劳动力供给形势

1. 供给规模:存量、增量"双降"

一是,农村劳动力供给存量将延续下降。据统计,2012—2017 年我国共有 8 000 多万农业转移人口市民化,按照规划要求,"十三五"期间年均转户 1 300 万人以上,到"十四五"开局之时,我国农村人口存量将下降到 5.3 亿。二是,新增农村劳动人口有限。统计局数据显示,2017 年,乡村 7~11 岁人口占乡村总人口的 6.89%,这批青少年在"十四五"期间将陆续成长为劳动力人口,新增农村劳动力规模为 3 975 万人,年均增加 795 万人,少于"十二五"的年均 1 260 万人。三是,能形成有效供给的农村劳动力更少。农民工落户配套政策的完善,对职业教育的高度重视,新成长起来的农村劳动力人口中,随迁进城、上大学、接受职业教育的规模在将来有大的增长,无法形成劳动力供给,导致供给规模进一步下降。

2. 供给形态:"慢就业""短工化""高流动"

一是,灵活就业已成年轻人主流意愿。当前新生代农民工已占据半壁江山。与前几代农民工相比,他们不会迫于生计到薪资一般、重复性高、自由度低的正规部门工作。"十四五"分享经济下的非正规就业渠道和岗位将有较大增加,越来越多新生代农民工将会选择如快递小哥、外卖骑手、网约车司机等灵活就业形式。二是,就业新形态和劳动制度冲突加剧。相对于传统就业形态,就业新模式呈现"关系灵活化、工作碎片化、工作安排去组织化"特征,具有高度不稳定性。而在社会保障、劳动关系、权益保障、就业服务等重要方面,劳动和社会保障制度优化调整的节奏,滞后于农村青年灵活就业的服务需求,冲突将加剧。

(二)"十四五"农村劳动力需求形势

1. 全球化巨大的不确定性增加了就业红利减少的风险

"十四五"时期,全球经济增长乏力,贸易保护主义、单边主义、民粹主义暗流

涌动，主要国家劳动力相对成本发生巨大变化，我国外向型制造业发展前景不容乐观。一是，制造业面临低端价值链转移和高端价值链回流的"双向挤压"，对农村劳动力的需求减弱，我国加工贸易额从2013年的8 600亿美元降至2017年的7 588亿美元，从事加工贸易出口的就业人数也随之减少了约250万（卓贤 等，2019）。跨国公司岗位向发达国家回流，给农村劳动力就业带来压力，在失业率攀升和"再工业化"战略等多重因素影响下，发达国家制造业回流趋势明显，2000—2018年，美国制造业累计回迁企业4 660家，回流美国的就业岗位75.5万个，其中从中国回流的企业数为791家，从中国回流的就业岗位为6.4万个，占前20名国家全部回流岗位的60.75%，从中国回流的企业数和就业岗位数均位居第一位（图4-6）。二是，全球疫情蔓延导致外贸岗位流失，影响农民工就业稳定性。疫情下，纺织、服装、箱包、鞋类、玩具、家居用品、塑料制品这七大传统劳动密集型外贸产品面临订单取消、减产等困难，2020年1—2月，出口累计同比下滑26.3%，居所有行业之首，企业被迫裁员。各国将寻求更短、更分散、更本地化产业链体系（王若兰，2020），部分固定投入低、劳动密集、成本敏感、可替代性强的制造业产业链向外转移，而拓展外贸新市场、外销转内需等措施需要一定时间，导致"十四五"出口部门对农村劳动力的就业带动能力下降。

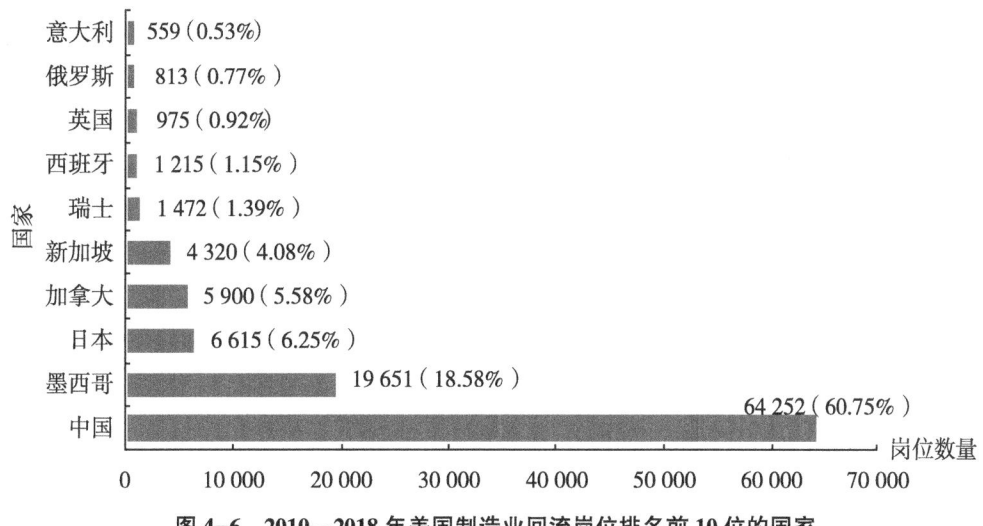

图4-6 2010—2018年美国制造业回流岗位排名前10位的国家

注：图中的数据，前面代表回流的岗位数量，括号里面表示回流的岗位数占总回流岗位数的比重。

[数据来源：根据 Reshoring Initiative 2018 Data Report 中的数据经过整理计算而来]

2. 城镇产业新旧动能转换可能导致摩擦性和结构性失业

"十四五"时期，传统制造业和建筑业等吸纳农村劳动力的旧动能减弱，家政服务、共享经济等新动能加快培育。一是，制造业和基建投资压力大、智能技术加快替代重复劳动，传统劳动密集型岗位减少，对大龄农村劳动力就业带来挑战。地方政府债务水平偏高，基础设施投资增长空间有限，难以继续为农村劳动力创造大量就业岗位。房地产投资增长乏力，建筑、建材、装修等传统行业用工需求下降。而政府未来布局的新基建与传统基建不同，给农民工创造的就业机会相对较少。与此同时，我国"技术红利"取代"人口红利"进程加快,必然带来重复劳动岗位消失阵痛。例如,浙江于2013年启动的"机器换人"项目,至2015年时已累计减少普通劳动工人近200万人,东莞实施的"机器换人"三年行动计划,帮助企业节约用工约20万人(许怡 等,2019),消失的岗位主要是搬运、码垛、装配、焊接、喷漆等。随着"中国制造2025"目标实现,更多企业选择机器换人,传统行业中的低端、重复性工作机会加速流失。二是家政服务和共享经济等新兴服务业迎来新机遇,将逐步释放用工潜力,成为农村劳动力就业新引擎。受居民收入增长、老龄化加速、全面二孩政策实施等因素影响,家政服务的用工需求快速增长。截至2018年年底,全国72万家家政服务企业的从业人员已经突破3 000万人(图4-7)。按照家政服务业88.6%的从业者来自农村,整个行业还缺1 000万~3 000万劳动力[①]进行粗略估算,家政服务业还能带动约900万~2 700万农村劳动力就业。同时,互联网新技术与服务业高度融合,催生了大量类似于外卖、快递、网约车等生活性服务业,成为离开流水线的农民工重新就业的重要渠道。截至2017年12月,外卖、跑腿、即时配送相关物流从业人员已超800万[②]。2018年,美团外卖共有270万"骑手",其中来自农村的超过200万,有67万来自贫困县,有网约车司机3 000万,来自农村的比例达到76%[③]。新冠肺炎疫情前期,"互联网+"服务业更是成为农民就业增收的关键"减震器",在2020年1月20日—2月23日,美团外卖配送平台新招聘的外卖骑手高达7.5万个。

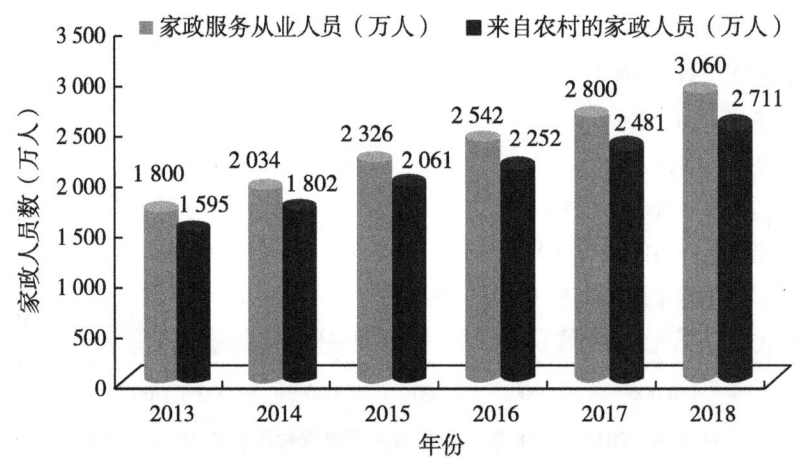

图4-7 2013—2018年从事家政服务的农村劳动力人数估计
(数据来源:商务部、中国国家发改委社会发展司)

---

① 家政服务行业报告,2019年08月30日,https://www.finance.sina.cn/stock/relnews/us/2019-08-30/detail-iicezueu2166587.d.html?from=wap。

② 外卖经济让"骑侠"队伍迅速膨胀 从业人员已约800万,https://www.m.nbd.com.cn/articles/2017-12-26/1176219.html。

③ 中国劳动和社会保障科学研究院,《中国网约车新就业形态发展报告》。

3. 农业农村就地就近就业空间调整

农业产业就业动能发挥不足，县域范围非农产业的就业创造能力提升缓慢，农村新产业、新业态、新模式的就业带动力偏弱，"十四五"农村劳动力就近就业创业的空间需要稳步拓展。一是我国农业劳动力比重仍然偏高，尚有超过 8 000 万的农业剩余劳动力需要转移。世界银行数据显示，近年来我国农业劳动力比重不断下降，从 2000 年的 43.8%下降到了 2019 年的 25.4%，但仍然显著高于世界农业发达国家的水平，是美国的 19 倍、日本的 7.4 倍、以色列的 27.6 倍。在农业生产必要的劳动力方面，本书借鉴马晓河等（2007）的方法，使用主要农产品 2018 年播种面积和每亩用工数量等数据，按照农村劳动力就业充分度达到全年 270 天的水平，来估算 2018 年农业生产实际需要劳动力。结果发现：我国农业生产约需 1 亿农业劳动者，其中种植业约 7 862 万人，养殖业约 2 200 多万人。使用第一产业从业人数减去估算出的农业所需劳动力，得到 2018 年我国农业剩余劳动力为 10 172.6 万人。二是农业产业和传统非农产业就业岗位提质增量的空间严重受限，有待进一步挖掘。农民协会、专业合作社及农业龙头企业等主体发展效果不理想（蒋和平，2018），农产品深加工、物流、农业生产技术服务等环节发展不足，难以推动农业产业链延伸，农业产业就业动能发挥受阻。经济下行对农村建筑业、制造业投资带来影响，压缩离土不离乡的非农就业岗位。农村第二、三产业及民营经济不够发达，农村劳动力没有多元化的非农领域可以就业（向晶 等，2018）。但随着"十四五"农业农村优先发展和城乡融合的深入、补齐农业农村短板一系列有效投资的落地及以县城为重要载体的新型城镇化的推动，在释放内需潜力的同时，将创造一批新的就业岗位，成为农村劳动力，尤其是中老年返乡农民工就地就近就业的重要支撑。三是农村新产业、新业态、新模式，有望成为农村劳动力就业新动能。农村电商和三产融合在拓展乡村"第三就业空间"的效应巨大并且极具弹性。商务部和农业农村部数据显示，2018 年仅 1 200 万家农村网店就带动 3 500 万人就业，岗位广泛分布在生产制造、快递物流、销售等行业；截至 2019 年 6 月底，全国 4 310 个淘宝村共带动 683 万个就业岗位，相当于解决了半个上海市、一个南京市的就业人口，预计下一个 10 年，全国的淘宝村会超过 2 万个，将带动超过 2 000 万的就业机会[①]；2017 年休闲农业和乡村旅游业从业人数达到 900 万人，比 2015 年增加 110 万人[②]，农民从业人员占比达 80%，平均每个经营主体带动超过 20 个农民实现就业（表 4-1）；县域"互联网+"零工经济为农村劳动力创造新的就地就近就业机会，在县域零工就业中排名第一位，占比 35.11%[③]。同时，返乡创业带动就业倍增效应持续显现，未来依然有提升空间。截至 2019 年 6 月，开展返乡创业的 341 个县市区，返乡创业人数超过 200 万人，带动 700 多

---

① 淘宝村十年：数字经济促进乡村振兴之路，中国淘宝村研究报告（2009—2019），http：//www.199it.com/archives/935385.html。
② 2018 年中国乡村旅游行业分析：政策利好推动万亿市场规模，2018 年 12 月 13 日，前瞻产业研究院，https://www.bg.qianzhan.com/report/detail/459/181213-426c4c2d.html。
③ 《2019 中国县域零工经济调查报告》：互联网成零工集散地，2019 年 11 月 14 日，中国消费网，http：//www.ccn.com.cn/m/view.php？aid=478801。

万人就地就近就业。截至2019年11月，全国返乡创业人员已超过850万人，带动3 100万人就业①。

表4-1 中国休闲农业带动农民就业情况

年份	经营主体个数（万个）	从业人员（万人）	农民从业人员（万人）	每个经营主体中的农民就业数（人）	带动农户（万户）	接待游客数（亿人次）	营业收入（亿元）
2014	27	679	550	20.6	524	14	3 496
2015	26	800	645	24.8	689	23	4 472
2016	30	844	600	19.7	666	22	5 761

数据来源：根据《中国休闲农业年鉴》(2015—2017) 中的数据计算整理而来。

参考文献

蒋和平，2018. 改革开放四十年来我国农业农村现代化发展与未来发展思路 [J]. 农业经济问题 (8)：51-59.

马晓河，马建蕾，2007. 中国农村劳动力到底剩余多少 [J]. 中国农村经济 (12)：4-9, 34.

欧阳慧，2020. 改革开放三十年我国农村劳动力转移政策演变路径 [J]. 经济研究参考 (23)：14-17.

任泽平，等，2020-02-19. 疫情对中国经济的影响分析和政策建议 [R/OL]. https://www.mp.weixin.qq.com/s/N-voHc3Z8nebMxPOiVnZtA.

王若兰，2020. 新冠肺炎疫情对全球经济的影响及应对策略——基于全球生产供应链视角 [J]. 国际金融 (4)：31-36.

向晶，钟甫宁，2018. 农村人口转移、工业化和城镇化 [J]. 农业经济问题 (12)：51-56.

许怡，许辉，2019. "机器换人"的两种模式及其社会影响 [J]. 文化纵横 (3)：88-96, 143.

张林秀，2019. 农业和农村：30岁以下年轻人几乎不再务农 [J]. 三联生活周刊 (4).

张忠法，崔传义，陈剑光，等，2001. 我国农村劳动力转移的历程、特点及面临的新形势 [J]. 经济研究参考 (3)：13-22, 39.

卓贤，黄金，2019. 制造业岗位都去哪了：中国就业结构的变与辨 [J]. 财经 (9)：7-18.

---

① 支持农民工等人员返乡创业试点工作现场会，2019-06-18, http://www.gov.cn/xinwen/2019-06/18/content_5401365.htm；经济日报，返乡入乡创业创新人员达850万人 农村创业创新正当时，2019-11-21, http://www.xinhuanet.com/fortune/2019-11/21/c_1125255795.htm。

第五章 "十四五"时期农村劳动力转移就业的重大问题研究

一、引 言

推动农村剩余劳动力向城市部门转移,是中国将"人口红利"转化为经济奇迹的重大举措,农村剩余劳动力为我国的工业化和城镇化作出了不可磨灭的重大贡献。当今世界正处于百年未有之大变局,全球贸易格局和供应链深度调整,信息化和智能化技术快速渗透到传统产业,我国产业结构和城乡关系加速优化,农村劳动力年龄结构、就业意愿显著改变,农村劳动力就业形势比以往任何时候都更错综复杂。雪上加霜的是,突如其来的新冠肺炎疫情使过去十余年的全球经贸格局面临极大不确定性。迄今为止,新冠肺炎疫情的走向和影响仍不明朗,"十四五"时期乃至今后较长时期内,稳就业保就业将居于宏观政策的优先位置。农村劳动力能否适应"十四五"时期新形势,能否通过市场机制实现合理配置,能否实现更充分更高质量就业,不仅关乎就业优先政策的实施,更关乎基本民生、经济发展和社会稳定大局。面对经济下行压力,稳住了3亿农村劳动力的就业,也就稳住了就业和社会稳定的基本盘。巩固脱贫攻坚成果和解决相对贫困问题,归根结底还得先破解农村劳动力的就业问题。易地搬迁移民和新进城农村居民能不能待得住,能不能过得好,关键还是就业。"十四五"要实现产业转型升级,无论建设制造强国,还是发展共享经济、家政服务、托育养老等新兴服务业,还是推动农业现代化,都得统筹解决好农村劳动力在城乡的就业问题。对此,我们不但要准确把握外部环境的深刻变化,要预判农村劳动力就业的规模、结构及风险,更要站在开启现代化新征程的高度,系统提出我国农村劳动力就业的思路对策。

受全球新冠肺炎疫情和国际政治经济地缘关系波动的影响,"十四五"时期出口部门对我国农村劳动力转移就业的带动力面临较大不确定性。改革开放以来,出口部门带动农村剩余劳动力转移(蔡昉,2007),现在仍是稳定农村劳动力就业的重要部门,2019年我国49.9万家外贸企业带动1.8亿人就业,其中纺织、服装等7个劳动密集型行业出口额的占比为19.2%,这些行业的农村劳动力占比高达80%[①]。新冠肺炎疫情使

---

① 新闻办就2019年全年进出口情况举行发布会,2020年01月14日,中国网,http://www.gov.cn/xinwen/2020-01/14/content_5468996.htm。

全球经济陷入大萧条以来最严重的衰退，国际货币基金组织最新预测，2020年全球经济萎缩4.9%，发达经济体GDP下降8.0%，其中美国、法国、英国的降幅高达8%、12.5%和10.2%，中国是唯一有望实现正增长的经济大国，但增速也仅为1%[①]。疫情在全球范围快速蔓延，凸显了国际产业链集中布局的安全隐患，全球产业既有分工模式面临巨大挑战，中国出口制造业供应链被替代和松动的风险加大，这会削弱出口部门对我国农村劳动力的吸纳能力。

"十四五"时期，农村劳动力在区域和城乡就业的不平衡不充分问题将更加突出。区域方面，长三角、粤港澳大湾区、京津冀、成渝都市圈的就业人数在2010—2017年累计增加了2 492万人（李铁 等，2019），而传统老工业基地和中西部地区的就业承载能力仍然有限。城镇方面，北上广深等超大型城市近年来处于产业转型升级阶段，劳动密集型产业被逐步从产业发展目录中调整出来，吸纳农村劳动力的能力不断下降，但是中小城市的就业承接能力尚未发挥出来。县域层面，产业链不完整、发展动能等问题依然突出，乡村就业空间受限，与此同时，扶贫项目对贫困人口就业带动作用，在地方财政压力加大的情况下也面临较大挑战。

面对上述问题和挑战，"十四五"时期农村劳动力转移就业亟须回答以下几个战略问题。我们要为多大规模的农村劳动力谋划就业？其中：城镇部门能够吸纳多少？农业生产必要的劳动力是多少？乡村振兴战略实施过程中农村还能创造多少非农岗位？延长我国人口红利期，促进农村劳动力进一步转移的关键是什么？回答这些总量和结构性问题，是布局、谋划"十四五"就业思路对策的重要前提，应当置于农村劳动力就业工作首位。本书将系统回答上述问题。

二、文献综述

围绕农村劳动力转移就业的规模和结构问题，众多学者进行了广泛而深入的研究，相关文献也可谓是汗牛充栋，本部分重点从以下3个方面进行简要综述。

（一）农村剩余劳动力状况研究

对农村剩余劳动力的探讨由来已久，但对中国农村劳动力剩余的状况，学术界仍没有形成共识。20世纪80年代中期，学者们普遍认为我国农村劳动力剩余比例约为1/3，总量为1.5亿~2亿。从20世纪90年代开始，对农村剩余劳动力测算的方法越来越多，主要包括耕地劳动比例法、劳均播种面积推算法、比较劳动力生产率推算法。由于理论依据和估算方法的不同，使得结果不尽相同。例如，刘建进（1997）指出2000年农村剩余劳动力比例高达46.6%，绝对数量超过1.7亿；蔡昉（2007）的研究认为，2004年我国农业剩余劳动力人数达到1.07亿人，剩余比例为23.5%，真正剩余的农村劳动

[①] A Crisis Like No Other, An Uncertain Recovery, International Monetary Fund, https://www.imf.org/en/Publications/WEO/Issues/2020/06/24/WEOUpdateJune2020。

力中50%在40岁以上。有研究人员以一般市场均衡理论为基础建立了动态模型，预测了至2025年中国农业劳动力的剩余将先下降、再平稳缓慢上升的结论。盛来运等（2013）运用工日折算法得出2011年我国尚有剩余劳动力1.17亿人，比马晓河等（2007）2006年测算的1.47亿人减少了3 000万人。

（二）农村劳动力转移就业结构和影响因素研究

推动农村工业化实现农村人口向非农经济转移（于立 等，2003）、充分发挥城市集聚效应吸收农村劳动力外出转移就业（陆铭，2010）是转移就业的两大渠道。当前，农村劳动力外转就业存在速度减慢和需求减弱的典型特征（向晶 等，2018）。国际贸易形势的快速变化、出口导向型产业的布局调整、劳动密集型制造业的转型升级，对农村劳动力外出转移就业造成前所未有的冲击（黄祖辉 等，2019），农村劳动力外转就业压力增大（王阳 等，2015）。劳动密集型产业向内地和县域转移，农村新技术、新产业、新业态发展，以及扶贫车间、扶贫基地、扶贫驿站、公益性岗位等形式的就业扶贫开展，农村就地就近转移就业承载力进一步提高（尹诗 等，2013；元林君，2018）。但农村工业空间集聚进程缓慢（陆杰华 等，2013），农业产业经营主体发展不足（任敬华，2018），农业产业链水平不高（胡鞍钢 等，2001），服务业市场缺乏（冀名峰 等，2019）等问题会制约离土不离乡的非农化转移空间。

（三）农村劳动力转移就业困难挑战研究

农村劳动力转移就业体制机制不畅、转移就业的结构性矛盾仍是最突出的问题。从体制机制看，城乡劳动力市场分割和歧视，使得劳动力在城乡、不同部门、不同市场之间的流动受阻，市场平等就业权利远没有实现（韩俊，2010）；公共就业服务体系不完善、农民工权益保护不够，一定程度上制约了农村劳动力转移意愿（侯亚杰，2017）。从转移就业结构性矛盾看，农村劳动力人口老龄化及女性化特征，加大了农村人口转移难度（向晶 等，2020）；以"80后""90后"为代表的新生代农民工进入劳动力市场，转移就业的高流动性和短工化现象突出，劳动参与率大幅下降（陈锡文，2009）。与此同时，乡村振兴和劳动力短缺的矛盾、产业升级和技能人才匮乏的矛盾、城乡融合和转移劳动力市民化滞后的矛盾突出（蒋和平 等，2019；谢玲红，2020）。

（四）文献述评

综上所述，学术界对农村劳动力转移就业的供需结构、转移态势及影响因素等问题开展了卓有成效的研究，但是没有直接回应"十四五"时期农业农村现代化规划关注的重大战略问题。过去5年，我国农村劳动力规模逐渐下降、老龄化趋势更为明显、农业生产率进一步提高，农村剩余劳动力数量，以及转移就业规模也随之发生了重大变化。传统劳动密集型正在经历快速转型，各级各类城市对农村劳动力的吸纳能力快速分化,农村劳动力向城市转移的动力正在经历结构性转变。与此同时,劳动密集型产业开始向中西部的县域转移,农村第一、二、三产业融合发展程度不断提升,农村就业岗位供给形势已不同于以往。既有研究未能在上述重大形势转变的背景下,明确、详细地解答"十四五"时期间农村劳动力的总体规模、转移潜力、城乡配置等一系列重大命题,也未能提出促进农村劳动力进一步转移的思路对策。因此,基于上述研究现状和"十四五"规划要求,本书将对相关重大问题开展深入研究。

三、"十四五"末究竟有多少农村劳动力

对过去中国农村劳动力的发展变化趋势及结构特点进行回顾,在此基础上对"十四五"时期农村劳动力规模进行科学预测,是分析"十四五"时期农村劳动力转移就业潜力及结构的第一步。与以往做出各种假设,综合考虑出生率、死亡率、迁入迁出率等因素及其因素之间的关系,并构建复杂计量模型来估算农村劳动力数量不同。本书采用比较直观的方法,主要以农村劳动力的历史数据为基础,结合人口和城镇化趋势,应用趋势外推法预测"十四五"时期的农村劳动力总体规模及新增劳动力数量。

(一) 过去 20 年中,在人口老龄化、城镇化进程、生育意愿下降的交互影响下,中国农村劳动力总量加速减少

过去的 20 年中,中国的农村劳动力老龄化日益加深,2018 年农村年龄化率为 13.8%,相比 2000 年增加了 6.5 个百分点,并高出全国老龄化率 1.8 个百分点。中国的城镇化率从 2000 年的 35.39% 上升到 2019 年 60.6%,以平均每年超过 1 个百分点左右的速度增加。而且在社会经济发展、生育政策不断调整完善及人口惯性影响下,中国处于低生育水平已有 20 年,近 10 年中国的总和生育率为 1.6 左右,明显低于更替水平,新成长起来的农村劳动人口有限并减少。根据国家统计局数据,2017 年乡村 7~11 岁人口占乡村总人口的 6.89%,这批青少年在"十四五"期间将陆续成长为劳动力人口,据此推算,"十四五"时期新增农村劳动力规模约为 3 975 万人,年均增加 795 万人,明显少于"十二五"时期年均新增劳动力 1 260 万人的水平。在上述因素的叠加影响下,农村劳动力加速减小的趋势明显。人口普查数据显示,2001—2018 年,我国农村人口减少了约 2.44 亿人,年均减少 1 357.6 万人,年均降幅从"十五"时期的 1.61% 增加到"十二五"时期的 2.11%,目前仍在加速减少,"十三五"时期的前 3 年年均降幅达到 2.23%,农村人口占总人口的比重从 63.8% 下降到 40.4%。与此同时,农村劳动力规模也相应减少,2000—2010 年,农村劳动力共减少了 6 072.07 万人,进入 21 世纪后,农村劳动力加速减少,"十五"时期年均减少 848.4 万人,"十二五"以来,以年均高于 1 000 万人的数量在递减,其中:2016—2018 年,年均减少近 1 300 万人(表 5-1)。

表 5-1　各时期乡村总人口、劳动人口规模变化情况

项目	乡村总人口			乡村劳动力人口		
	减少的人口总数（万人）	年均减少数（万人）	年均降幅（%）	减少人口总数（万人）	年均减少数（万人）	年均降幅（%）
"十五"（2001—2005）	6 293	1 258.6	-1.61	4 242.1	848.4	-1.77
"十一五"（2006—2010）	7 431	1 486.2	-2.07	1 830.0	366.0	-0.82
"十二五"（2011—2015）	6 767	1 353.4	-2.11	6 012.6	1 202.5	-2.92
2016—2018	3 945	1 315.0	-2.23	3 791.7	1 263.9	-2.10
合计	24 436	1 357.6	-1.98	15 876.5	882.0	-2.42

数据来源：根据国家统计局人口和就业统计司《中国人口和就业统计年鉴》（2001—2018）中的人口变动情况抽样调查数据进行整理、计算而来。

注：①此处乡村劳动力人口是指 15~59 岁的劳动年龄人口；②乡村劳动力人口总数=乡村劳动力人口抽样数/抽样比例。

（二）"十四五"期间，农村劳动力规模将延续下降趋势，单从农业和农村角度看，整体就业压力进一步减轻

根据总人口、乡村总人口、乡村劳动人口比例及变化趋势，估算"十四五"时期的农村劳动力数量。从总人口看，联合国经济和社会事务部人口司发布的《世界人口前景：2017 年订正本》显示，2025 年中国人口达到 14.4 亿人的峰值，但是，2019 年我国人口净增长 467 万人，且增幅逐年下降，估计 2025 年人口规模不会超过 14.2 亿人。从乡村总人口看，2019 年城镇化率达到 60.6%，预计 2025 年，城镇化水平达到 67%，农村人口规模为 4.7 亿人。从乡村劳动人口看，按照农村各年龄段人口比例趋势，"十四五"期间农村劳动力占比平均每年下降 0.7 个百分点。据此，我们预计 15~59 岁的农村劳动力将从 2021 年的 3.02 亿人下降到 2025 年的 2.59 亿人（图 5-1），比"十三五"同期下降 5 400 万人。

另外，值得注意的是，农民工落户配套政策的完善，对职业教育的高度重视，将对农村青少年进入未来劳动力市场的方式及时间形成影响，造成农村有效劳动力供给规模的进一步下降。"十四五"时期将会有越来越多的进城务工人员通过落户的方式获得当地户口并将孩子户口迁移，不再属于农村劳动人口，到劳动年龄后直接构成城市劳动人口。同时，"十四五"时期在国家大力发展职业院校的政策引领下，将有更大规模的农村户籍学生进入高职院校接受职业教育，延迟部分农村青少年进入劳动力市场时间的同时，也将改变一部分农村青少年进入劳动力市场的方式。因此，如果综合考虑随迁进城及教育延迟效应等因素的话，"十四五"实际需要解决的农村劳动力就业规模将会少于 2.59 亿人。

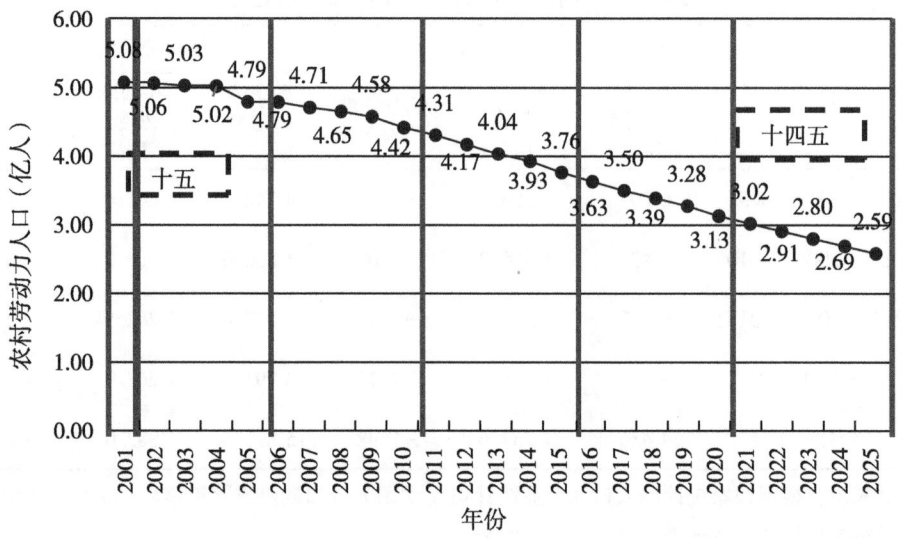

图5-1 "十四五"时期我国农村劳动力规模预测

注：2018年以前数值根据人口抽样数据测算，2019及以后数值为趋势预测值。
［数据来源：《中国人口和就业统计年鉴》（2001—2018）］

四、农村劳动力转移潜力是否将耗尽

关于中国的"刘易斯拐点"和农村劳动力转移潜力是否耗尽的问题一直是学界争论的热点，尚未形成统一结论。2004年后以"民工荒"形式出现的劳动力短缺成为一种常态，2010年后15~59岁劳动年龄人口开始转变为负增长，同时，中国经济增长动力从劳动要素驱动转向全要素生产率，尤其是科技创新驱动型，中国经济进入了"刘易斯转折区间"。但是中国迎来的"刘易斯拐点"仅表明未来农业劳动力为经济发展提供无限劳动力的供给发展优势的结束（蔡昉，2007；王德文 等，2005），并不意味着劳动力转移潜力已经耗尽。本部分在借鉴前人研究的基础上，将中国放在一个国际比较的视野来考察，通过数据回答中国在向高收入国家迈进中，是否还存在进一步释放农业劳动力的空间。

（一）中国农业劳动力比重与世界农业发达国家相比，仍然偏高

农业技术进步和改革红利释放，中国和发达国家在农业生产效率方面差距进一步缩小，但中国农业劳动力比重与世界农业发达国家相比，仍然偏高。农业技术进步是农村劳动力转移的重要"推力"，尤其是农业劳动节约型技术进步的替代效应释放了更多边际生产贡献为零的农业劳动力（周振 等，2016；王晓兵 等，2016）。近20年来，中国的农业科技进步率显著提升，2019年达到59.2%，带动了农业生产效率的有效提升，以及农业劳动力数量及比重的不断下降。农业普查数据显示，我国农业劳动力规模从

2006年的3.42亿人下降到2016年的3.14亿人，10年减少了2 800万人。农业劳动力比重从2000年的43.8%下降到2019年的25.4%。但与世界农业发达国家相比，仍有较大差距。根据世界银行对世界农业最发达国家的农业从业人员比重的分析中可以看出（图5-2），除中国外，其他国家的农业就业人员占比都比较低，即便是最高的新西兰农业就业人员占比在2019年也只有5.7%。2019年，中国农业劳动力的比重仍是美国的19.5倍，日本的7.5倍，以色列的28.2倍。

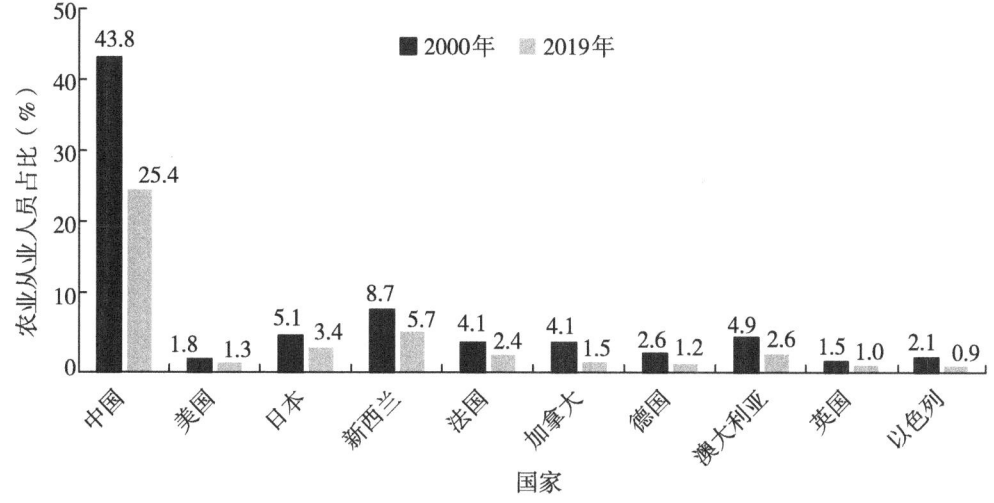

图5-2　2019年10个世界农业发达国家的农业就业人员占比

（数据来源：世界银行数据库，https://www.databank.worldbank.org/data/home.aspx）

（二）农业劳动力比重继续下降是中国迈向高收入国家行列不容回避的任务，且具有很强的紧迫性

农业劳动力比重会随着人均GDP的提高而降低，这是发展经济学的一般规律，即在经济发展水平提高的同时，农业就业份额下降，从图5-3显示的61个国家和地区人均GDP与农业劳动力比重之间的关系，揭示了这一事实。中国正处于从中等偏上收入国家向高收入国家过渡的重要时期，从国际比较来看，中国的农业就业份额还需进一步下降。2018年人均GDP超过中国的61个国家，与中国同属于从中等偏上收入向高收入行列过渡（也即2018年人均GDP高于中国但低于12 535美元）的国家共有10个。按照人均GDP水平从高到低分别是罗马尼亚、哥斯达黎加、阿根廷、俄罗斯联邦、马来西亚、毛里求斯、圣卢西亚、马尔代夫、赤道几内亚、中国。从图5-3中可以看出，除赤道几内亚外，这些国家的农业劳动力比重均显著低于中国，这些国家农业劳动力比重的平均值（除去中国和赤道几内亚）仅为10.2%，阿根廷农业劳动力比重最低，仅为0.09%。也就是说，中国要跨入高收入国家行列的话，农业劳动力的比重至少需要再降低15.2个百分点。如果按照Cai（2016）估算的我国农业劳动力比重比显示的25.4%低约10个百分点，实际只有15.4%来算的话，也仍然比与我国处于相同发展阶

段的其他国家的水平要高出5.2个百分点。这也进一步说明,中国农村劳动力转移的潜力并没耗尽。不仅如此,降低农业劳动力比重,是中国在迈向高收入国家行列的过程中不可回避的任务。但当前,中国劳动力转移速度在放缓,国家统计局的调查数据显示,农民工人数的同比增长率自2011年开始下降,从2010年的5.4%下降到2019年的0.8%,推进农村人口转移任务艰巨。

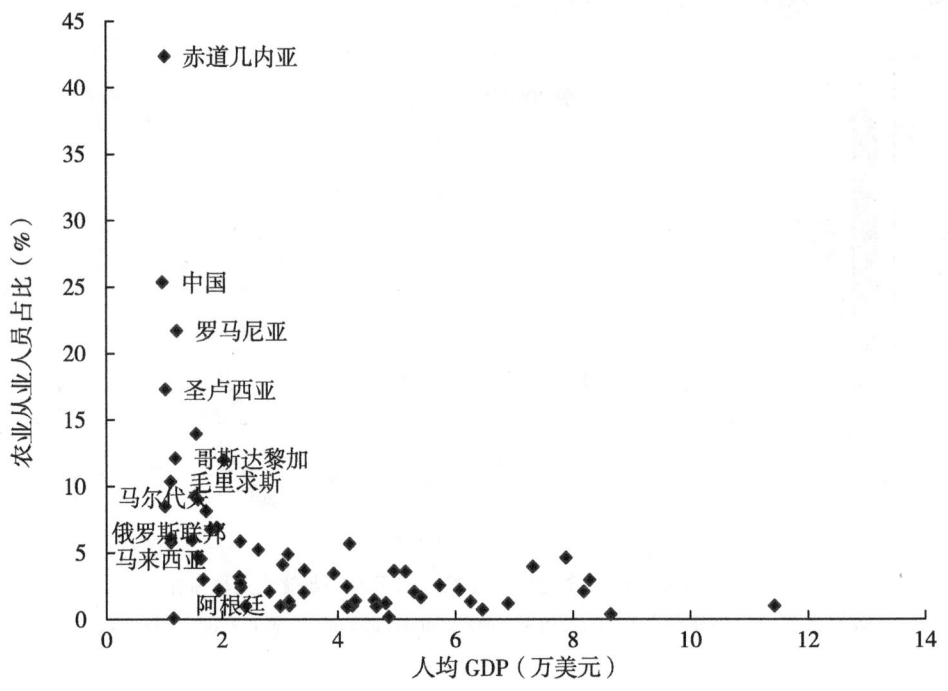

图 5-3 经济发展水平与农业劳动力比重

注:图5-3中只显示了2018年人均GDP超过中国的61个国家和地区的人均GDP与农业劳动力比重之间的关系。同时,对人均GDP高于中国但低于12 535美元(2019年,世界银行将人均GDP 12 535美元定义为中等收入到高收入的分界线)的国家进行了标注。
(数据来源:世界银行数据库,https://www.databank.worldbank.org/data/home.aspx)

五、究竟还有多大规模的农业剩余劳动力

经过40多年的转移,中国农村劳动力剩余的状况发生了变化。准确地对农业中剩余劳动力或者说可转移劳动力数量进行判断是正确制定"十四五"发展规划的前提。农业还能为非农产业提供多少剩余劳动力,与农业自身发展,尤其是农业生产效率密切相关。但由于农业生产效率的数据难以获取,学者们大多使用生产函数、国际经验比较等方法进行估算,估算结果对假设前提依赖性较高。而且,基于不同方法得出的结论,无法对不同时期的劳动力剩余状况进行纵向比较,难以考察我国农业剩余劳动力转移速度。因此,本书借鉴马晓河等(2007),盛来运等(2013)的

方法，把农业剩余劳动时间折算成剩余劳动力来进行估算。使用主要农产品的播种面积和每亩用工数量等数据估算 2018 年农业生产实际需要的劳动力，进而得出农业剩余劳动力规模。这种直接利用统计数据计算的方法逻辑上更为严谨，数据信息得到了最大限度利用，估计结果较为可靠。更为重要的是，由于方法一致，农村劳动力就业充分度的假设相同，还可以依据剩余劳动力的历史转移速度，对农业剩余劳动力彻底完成转移的时间进行预判。

（一）目前农业生产力水平下，我国农业生产所需必要劳动力约为 1 亿人，农业剩余劳动力仍超过 1 亿人

使用《中国农村统计年鉴》和《全国农产品成本收益资料汇编》中 2018 年主要农产品播种面积、每核算单位主产品产量、每核算单位所需用工数量等方面的数据，按照农村劳动力就业充分度达到全年 270 天的水平，估算 2018 年农业生产实际需要劳动力。结果如表 5-2 所示，发现：我国农业生产约需 1 亿农业劳动者，其中种植业约 7 862 万人，种植业用工较多的产业是：蔬菜 3 060.17 万人，谷物（稻谷、小麦、玉米）约 2 620 万人。养殖业约需 2 200 多万人，其中生猪养殖 1 015.04 万人。使用第一产业从业人数减去估算出的农业所需劳动力，得到 2018 年我国农业剩余劳动力为 10 172.6 万人。

表 5-2　2018 年主要农产品生产需要劳动力数量估算

种植业	核算单位	每核算单位用工数量（工日）	生产单位（1×10^3 亩）	用工量（万人）
稻谷	亩	5.27	452 835	883.87
小麦	亩	4.11	363 990	554.07
玉米	亩	5.05	631 950	1 181.98
大豆	亩	2.30	152 790	130.15
花生	亩	8.15	69 300	209.18
油菜籽	亩	6.42	98 265	233.65
棉花	亩	13.45	50 310	250.62
烤烟	亩	25.99	15 045	144.82
甘蔗	亩	13.25	21 090	103.50
甜菜	亩	8.95	3 240	10.74
茶园	亩	22.28	44 790	369.60
苹果	亩	33.85	38 000	476.41
柑橘	亩	17.07	40 000	252.81
蔬菜平均	亩	26.95	306 585	3 060.17
种植业小计				7 862

(续表)

饲养业	核算单位	每核算单位用工数量（工日）	生产单位（万头）	用工量（万人）
生猪	头	3.95	69 382.40	1 015.04
散养肉牛	头	12.85	8 915.30	424.30
散养肉羊	头	5.43	29 713.50	597.57
奶牛	头	39.69	1 269.40	186.60
饲养业小计				2 223.51
合计				10 085.10

资料来源：根据国家统计局《中国统计年鉴（2019）》、国家发展和改革委员会价格司《全国农产品成本收益资料汇编（2019）》和李靖等（2010）使用的数据整理计算而来。

注：①由于统计数据缺失，2018年茶园所需工日使用2018年的茶园面积和2008年的茶园"每亩用工数量"来计算；②2018年柑橘种植面积数据来源于《2018年中国柑橘产业现状报告》，http://www.360doc.com/content/19/0216/11/29955225_815298199.shtml，柑橘每核算单位用工数量根据2018年柑和橘这2个主要类别的用工平均值来表示。

（二）按当前农业剩余劳动力转移速度，预计农业剩余劳动力转移完成至少需要20年，也即在2038年之后才会逐渐消失

近年来，农业生产效率的提升，农业劳动力人数逐年减少，形成的剩余劳动力持续而大量地向非农产业转移。如表5-3所示，2006—2018年，我国农业剩余劳动力共减少了6 245万人，年均减少520.4万人。照此速度减少的话，当前10 172.6万人的农业剩余劳动力完全消失还需要19.5年，也就是说农业劳动力剩余状况会一直持续到2038年。但如果考虑到农业生产率的提高会导致每核算单位用工数量的减少，农业生产必要劳动力还将进一步降低，农业剩余劳动力的转移时间还会进一步延长。

表5-3 2006年、2011年、2018年农业劳动力剩余情况对比

年份	第一产业就业人员（万人）	农业所需工日（万日）	农业所需劳动力（万人）	农业剩余劳动力（万人）
2006	31 940.6	4 646 116	17 207.8	14 732.8
2011	26 594.2	4 010 393	14 853.3	11 740.9
2018	20 257.7	2 722 977	10 085.1	10 172.6

注：2006年农业所需劳动力为马晓河等（2007）的计算结果；2011年农业所需劳动力为盛来运等（2013）的计算结果。

六、外出转移和本地转移之间的结构关系

受就业数据统计频次和调查范围的限制，在预测领域，广泛应用的时间序列模型、

面板模型难以对5年以内的就业情况做出有效预测。与此同时，我国农村劳动力的就业受户籍、土地、财税、外贸等政策和国际经贸形势的扰动，需要我们克服过度依赖复杂模型的惯性。因此，本部分重新设计了逻辑严谨、数据要求较宽松的适合中国国情的新预测方法，数据信息得到了最大程度的利用，估算结果也较为可靠。具体地说，基于前文对"十四五"农村劳动力规模预测结果和农业必要劳动力计算结果，并根据农村劳动力的范畴、种类及内在关系构建模型，预测在不同情景下的农村劳动力转移就业规模及结构。

（一）预测依据

定量预测2025年农村劳动力转移潜力，必须依次明确3个基本关系。一是农村转移劳动力的范畴。国家统计局定义，农村转移劳动力包括从农业转移到第二、三产业的所有劳动力，同时还包括离开本乡到外地仍然从事第一产业的农村劳动力，且时间严格定义为半年以上。因此，农村转移劳动力分为两部分：其一在本地从事非农工作，其二是离开本地但有可能还从事农业工作。二是农村劳动力的种类。根据农村劳动力是否参与农业生产，可以分为三类：完全不从事农业生产的，返乡创业人员和本地转移劳动力；部分从事农业生产的，返乡创业人员带动的就业人员和外地转移劳动力；完全从事农业生产的纯农民。三是农村劳动力的数量约束条件。在技术条件下，特定农产品产量需要必要的农业劳动力，这些劳动力源自本地纯农民、返乡创业带动就业人员、来自他乡的外出务农者。

（二）预测模型

需要转移的农村劳动力规模，可以通过上述三大关系预测。在方程（5.1）和（5.2）中，农村劳动力总数用T表示；返乡创业人数为C；返乡创业带动的就业人数为D，其中从事农业生产的比例为α；转移劳动力人数为Z，其中从事农业生产的比例为β；纯农民人数为N；必要农业生产人数为Y。方程中，预计到2025年，农村劳动人口T的值为2.59亿；根据国家发展改革委等19部门联合印发的《关于推动返乡入乡创业高质量发展的意见》，返乡创业人员C的值为0.15亿，创业带动就业人员D的值为0.6亿；根据农民工监测报告最新数据，转移劳动人口从事农业的比重β为0.4%。

$$T = C+D+Z+N \tag{5.1}$$
$$Y = N+\alpha D+\beta Z \tag{5.2}$$

（三）预测结果

根据预测模型，预计到2025年，农村劳动力转移总量为1.16亿~1.48亿人。其中：高创业创新水平下，科技和制度创新力度强，农业生产效率大幅提高，必要农业生产人数从2018年的1.01亿人下降到2025年的0.90亿人，返乡创业深刻影响了农业生产，返乡创业带动就业的人员有90%从事农业，需要转移1.48亿农村劳动力，其中对外转移0.88亿人，本地转移0.592亿人。其他情景估计结果如表5-4所示，在此不再赘述。

表 5-4　2025 年年末农村劳动力就业规模预测结果

情景假设		就近就地创业就业（亿人）			转移就业（亿人）		
名称	必要农业生产	创业带动农业占比	返乡创业	创业带动就业	纯农民	转移总量	外地转移	本地转移
低创业创新水平	1.1	70%	0.15	0.6	0.68	1.16	0.696	0.464
中高创业创新水平	1.0	80%	0.15	0.6	0.51	1.32	0.792	0.528
高创业创新水平	0.9	90%	0.15	0.6	0.35	1.48	0.888	0.592

注：情景假设中的创业带动农业占比设定依据：①返乡创业以农为本，更多的是通过订单农业、土地托管、土地入股等形式，发展农业适度规模经营，带动农民尤其是 50 岁以上的农民从事农业生产；②农村农产品加工、农产品电商、民宿、旅游主要是由村集体、农村原住民在牵头。

七、"十四五"时期农村劳动力转移的出路

"十四五"期间，我国农村劳动力规模将延续下降，2025 年年末实际需要解决的农村劳动力就业规模少于 2.59 亿人。但是，不管是从与世界农业发达国家的比较来看，还是从中国所处的发展阶段来看，我国农业劳动力的比重仍然偏高，表明中国农村劳动力转移的潜力并没耗尽。当前农业中仍有超过 1 亿的剩余劳动力，到 2025 年有 1.16 亿~1.48 亿农村劳动力需要实现转移就业。因此，"十四五"时期农村劳动力转移就业压力仍然较大。"十四五"期间要实现更高质量的农村劳动力转移就业，需要依次解决"有的转""有岗转""有效转"的问题。一是通过提高农业现代化水平，进一步释放农业劳动力，增加可转移劳动力数量；二是稳住城镇出口部门就业岗位、疏通立足国内大循环的城镇转移就业渠道，稳步拓展农村就地就近非农就业空间，为转移劳动力提供充足就业岗位；三是加快土地、户籍和公共服务等相关领域制度改革，促进农村劳动力的有效转移。

（一）提高农业现代化水平，进一步解放农业劳动力

农业技术进步是农业现代化最主要的标志。目前，我国农业技术进步类型正向节约劳动型转变，对于释放农业劳动力的作用还有较大潜力。以机械替代劳动这个技术进步的主要表现形式为例，2017 年，我国每千公顷耕地使用农用拖拉机和使用联合收割机分别为 49.7 台和 14.7 台，低于大多数发达国家，即便和 2008 年的日本相比，两者分别也只是日本的 11.4%和 6.6%。而我国小麦、玉米、粳稻、大豆、棉花和油菜籽等主要农产品的机械劳动力替代弹性均大于 1（闵师 等，2018）。这说明我国依靠技术进步，释放农业劳动力还有很大的空间。但是，农业技术进步带来农业生产所需劳动力减少的实现，有赖于一系列制度的完善与支持。尤其需要通过促进农业规模化生产经营、提高农业生产组织化程度和社会化服务水平、形成稳定高素质中青年务农就业大军等，

从根本上化解现代农业技术支持的规模化生产模式与小农分散经营之间的矛盾，充分释放农业劳动力。

（二）挖掘城乡非农就业潜能，为转移劳动力提供充足就业岗位

为农村剩余劳动力提供相应就业岗位，是实现转移的前提条件。城镇方面，要充分用好国内外两种资源、两个市场，提供更多就业机会。面对新冠肺炎疫情带来的全球经贸格局的极大不确定性，要重塑和引领新的国际经贸关系，继续用好、用足我国在全球贸易中多年积累起来的比较优势，延续出口部门对农村劳动力转移就业的支撑作用。同时，要稳住立足于国内市场的城镇转移就业渠道，创造制造业转移的良好条件，保持劳动密集型的低端制造业对农村劳动力就业的基础性作用。支持共享经济、平台经济、数字经济下的新兴服务业高质量发展，发挥它们对农村劳动力转移就业的促进作用。乡村方面，要将发展县域经济、加快三产融合、增强有效投资作为增加农村非农就业潜力的主要抓手。促进民营经济发展，加快推进县域城镇化和农村劳动力转移就业基地建设，创造更多就业机会并吸纳农民入园入镇务工。引导适合农村的第二、三产业向县域和有条件的镇村布局，鼓励并支持城市企业将生产实体转移延伸，将加工流通重心下沉，将更多岗位留给农民。引导农业与旅游、康养、休闲、电商融合发展，形成新的就业形态。同时，加强绿色及高标准农田设施、仓储、冷链物流等建设，充分发挥补齐农业农村短板有效投资的就业拉动作用。

（三）切实破除劳动力转移的制度障碍，促进有效转移

分类施策，完善农村劳动力转移制度。对于尚未转移的劳动力，要优化转移机制。通过开展岗前定向就业技能培训、就业指导和招聘活动，健全劳务输出有效对接机制，建立农村劳动力就业信息采集、发布制度，搭建就业服务大数据平台，开发农村劳动力就业手机终端等举措，促进转移劳动力就业能力提升、转移就业有序推动。对于已经转移的劳动力，要创新农民工市民化制度。处理好户籍和公共服务的关系，保障转移劳动力在养老保险、基本医疗、社会保险等方面与城市户籍人口的同等权利，加快调整社会保障制度满足农村青年在新就业形态中的现实需要。处理好户籍和农民权益的关系，预留一定过渡期，在过渡期内，农民可以同时享有城镇利益和农村利益。在这之后，鼓励进城落户人口有偿转让农村权益，永久落户城市。同时，要加大"人地钱挂钩"配套政策的激励力度，提高城市政府吸纳农业转移人口落户的积极性。

参考文献

蔡昉，2007. 破解农村剩余劳动力之谜 [J]. 中国人口科学，27（2）：2-7，95.
陈锡文，2009. 需为新生代农民工融入城镇提供条件 [J]. 农村工作通讯（15）：44.
韩俊，2010. "十二五"时期农民工就业形势分析与建议 [J]. 中国就业（10）：

9-10.

侯亚杰, 2017. 户口迁移与户籍人口城镇化 [J]. 人口研究, 41 (4): 82-96.

胡鞍钢, 吴群刚, 2001. 农业企业化: 中国农村现代化的重要途径 [J]. 农业经济问题 (1): 9-21.

黄祖辉, 胡伟斌, 2019. 中国农民工的演变轨迹与发展前瞻 [J]. 学术月刊, 51 (3): 48-55.

冀名峰, 李琳, 2019. 关于加快发展农业生产性服务业的四个问题 [J]. 农村工作通讯 (8): 39-44.

蒋和平, 王克军, 杨东群, 2019. 我国乡村振兴面临的农村劳动力断代危机与解决的出路 [J]. 江苏大学学报 (社会科学版), 21 (1): 28-34.

李铁, 徐勤贤, 2019-06-04. 就业重点区域锁定城市群和都市圈 [EB/OL]. https://www.thepaper.cn/newsDetail_forward_3601669.

刘建进, 1997. 一个农户劳动力模型及有关农业剩余劳动力的实证研究 [J]. 中国农村经济 (6): 15-22.

陆杰华, 韩承明, 2013. 论小城镇与我国的城镇化发展道路 [J]. 中国特色社会主义研究 (1): 98-104.

陆铭, 2010. 建设用地指标可交易: 城乡和区域统筹发展的突破口 [J]. 国际经济评论 (2): 137-148.

马晓河, 马建蕾, 2007. 中国农村劳动力到底剩余多少 [J]. 中国农村经济 (12): 4-9, 34.

闵师, 项诚, 赵启然, 等, 2018. 中国主要农产品生产的机械劳动力替代弹性分析——基于不同弹性估计方法的比较研究 [J]. 农业技术经济 (4): 4-14.

任敬华, 2018-06-24. 培育新型农业经营主体的困境与对策 [N]. 农民日报 (3).

盛来运, 郑鑫, 2013. 我国农业剩余劳动力知多少 [J]. "三农" 决策要参 (41): 1-16.

王德文, 蔡昉, 高文书, 2005. 全球化与中国国内劳动力流动: 新趋势与政策含义 [J]. 开放导报 (4): 6-12.

王晓兵, 许迪, 侯玲玲, 等, 2016. 玉米生产的机械化及机械劳动力替代效应研究——基于省级面板数据的分析 [J]. 农业技术经济 (6): 4-12.

王阳, 邬琦, 2015. 农民工及农村劳动力就业面临的难点、问题及建议 [J]. 工会信息 (23): 4-7.

向晶, 王博雅, 2020. "十四五" 时期我国农村人口转移的思路与建议 [J]. 发展研究 (7): 16-20.

向晶, 钟甫宁, 2018. 农村人口转移、工业化和城镇化 [J]. 农业经济问题 (12): 51-56.

谢玲红, 2020. "十四五" 农村劳动力就业的新形势与应对思路 [J]. 经济要参 (2): 32-35.

尹诗, 尹清杰, 2013. 长三角地区劳动密集型产业向内地转移的趋势探究 [J]. 改革与战略,29(10):79-82.

于立,姜春海,2003. 中国乡镇企业吸纳劳动就业的实证分析[J]. 管理世界(3):76-82.

元林君,2018. 我国就业扶贫的实践成效、存在问题及对策探析[J]. 现代管理科学(9):109-111.

周振,马庆超,孔祥智,2016. 农业机械化对农村劳动力转移贡献的量化研究[J]. 农业技术经济(2):52-62.

CAI F, 2016. China's Economic Growth Prospects: From Demographic Dividend To ReformDividend [M]. Cheltenham (UK), Northampton (MA, USA): Edward Elgar Publishing.

第三篇
农村金融与资本

第六章 新型农业经营主体融资供需现状及异质性分析

一、引　　言

新型农业经营主体是我国实现农业农村现代化的微观基础和骨干力量。党的十九届五中全会将保障国家粮食安全提到了新的高度，保障国家粮食安全，提高农业质量效益和竞争力，除了做好种业和耕地质量等基础工作，加快新型农业经营主体培育是关键。新型农业经营主体的发展壮大，离不开金融信贷资金的支持。然而，在金融的供给上，无论是传统金融，还是新兴的互联网金融或内部的合作金融，其服务难以适应新型农业经营主体需求的发展。例如，传统农村金融信贷供给不足、规模小、抵押物件难获认可，农村互联网金融平台少且多开展非农业务，农村合作金融资金少不能满足季节性和大额用款需求。新型农业经营主体"融资难、融资贵"问题日益突出，并成为制约其发展的核心要素。同时，由于各地区农村金融发展程度不同，新型农业经营主体的自身性质、发展水平有别，不同地区、不同类型、不同特征的新型农业经营主体的融资供需状况呈现出较大差异。要清晰地描述和判断新型农业经营主体的融资问题，首先必须回答：目前新型农业经营主体的融资供需状况如何？具有哪些特点？不同主体之间又表现出怎样的差异？回答上述问题，是破解新型农业经营主体融资壁垒、促进其高质量发展的重要前提，对于提升农村金融服务新型农业经营主体能力、破解"未来谁来种地"问题、实现产业兴旺、促进小农户和现代农业发展有机衔接也意义重大。

围绕新型农业经营主体融资供需现状及影响因素，学者们开展了卓有成效的研究。与传统农户相比，新型农业经营主体融资需求具有规模大、需求旺盛、需求层次丰富及稳定性等特点（四川省社会科学院 等，2016；孙立刚 等，2015）。融资需求主要来自流动资金、固定资金、产业延伸资金，并以流动资金需求为主导（孙卫东，2018；王天琪，2018）。融资主要用于农业生产，借款周期符合农产品生长周期（王莉，2014），融资渠道呈现以传统正规金融为主，互联网金融和合作金融信贷为补充的多元化格局（赵健，2014；黄祖辉 等，2010）。但受自身组织机制及产业发展上的"先天不足"、对新兴金融信贷模式认知不足、金融信贷资源供给向农村倾斜不足及金融基础设施环境不足等因素制约（徐超 等，2018），新型农业经营主体融资贷款获批率低、贷款额满足度不高（宋洪远 等，2020）、贷款期限与投资期限不匹配、执行利率普遍高于新型农业经营主体平均收益（孙卫东，2018）等问题突出。对此，学者们从主体本身（张启文等，2015）、金融信贷提供方（经济日报社中国经济趋势研究院新型农业经营主体课题组，2019；张雁明，2016；孙志毅 等，2018）、金融基础设施（徐超 等，2018）等层面提出了改进新型农业经营主体金融信贷状况的政策建议。

综上所述，相比于普通农户融资的研究已经相当丰富不同，专门针对新型农业经营主体融资问题的研究仍显薄弱。既有研究主要从需求层面对新型农业经营主体的融资问题进行宏观定性分析。少量的微观实证研究也主要是基于某一地区、某一类型主体展开，样本量极为有限。同时，缺少从供需两个层面来探讨不同新型农业经营主体融资的异质性，结论难以广泛认同。基于上述研究现状和不足，本书以农业农村部新型农业经营主体信息直报系统中2020年提交了贷款申请的16 004个新型农业经营主体为研究对象，从资金需求规模与用途、贷款获批率和贷款满足度等维度考察新型农业经营主体融资供需现状和特点，对比种养大户、合作社、家庭农场、农业企业在融资供需方面的差异，探讨主体等级、经营业务、贷款用途、经营及流转土地面积对新型农业经营主体贷款获批率和贷款满足度的影响，直观把握新型农业经营主体融资供需总体状况，提出破解新型农业经营主体融资壁垒的政策建议。

二、数据来源及样本基本情况

（一）数据来源

本书数据主要来源于农业农村部新型农业经营主体信息直报系统。该系统始建于2017年，截至2021年4月底，在该系统注册的合作社、家庭农场、种养大户、农业企业累计达30多万个，通过认证的主体13多万个。系统建设前期，推广面相对较窄，在该系统进行信息填报的主体较少。因此，本书选取的年份是2020年，数据最新且样本量最大。另外需要特别说明的是，新型农业经营主体的融资需求分为意愿融资需求和有效融资需求，意愿融资需求是指希望从金融机构获得贷款，有效融资需求是指不仅有融资需求的意愿而且已经向金融机构申请贷款，无论是否实际获得贷款。本书的研究对象是有效融资需求的主体，也即向金融机构提交了贷款申请的新型农业经营主体。2020年新型农业经营主体信息直报系统中有效融资需求的样本共16 004个，涵盖除西藏自治区外的全国30个省（区、市），可以较好地反映不同地区、不同特征新型农业经营主体的融资供需状况及差异，同时，也可使本书的研究结论更具代表性和普遍性。

（二）样本基本情况

从主体类型看，样本涵盖合作社、家庭农场、种养大户、农业企业四大新型农业经营主体，其中：合作社为4 336家，占总量的27.1%，家庭农场5 428家，占

33.9%，种养大户为 5 719 家，占 35.7%，农业企业为 521 家，占比 3.2%。从主体级别看，普通级别主体数量最多，为 10 706 家，占总量的 66.9，国家级、省（区）级主体相对较少，分别占 1.4% 和 9.5%。从各类型主体级别看，国家级和省（区）级主体中，合作社占绝对主导，国家级合作社为 204 家，占全部国家级主体的 93.6%；省（区）级合作社为 884 家，占全部省（区）级主体的 58.3%。从经营业务看，从事种养殖业的主体占 83.2%，其中：种植类占 52.1%，养殖类占 19.1%，种养混合类占 12%。而农业生产服务类、加工类、休闲农业类、销售冷链仓储物流服务类主体较少，合计占比仅为 3%。具体如图 6-1 所示。

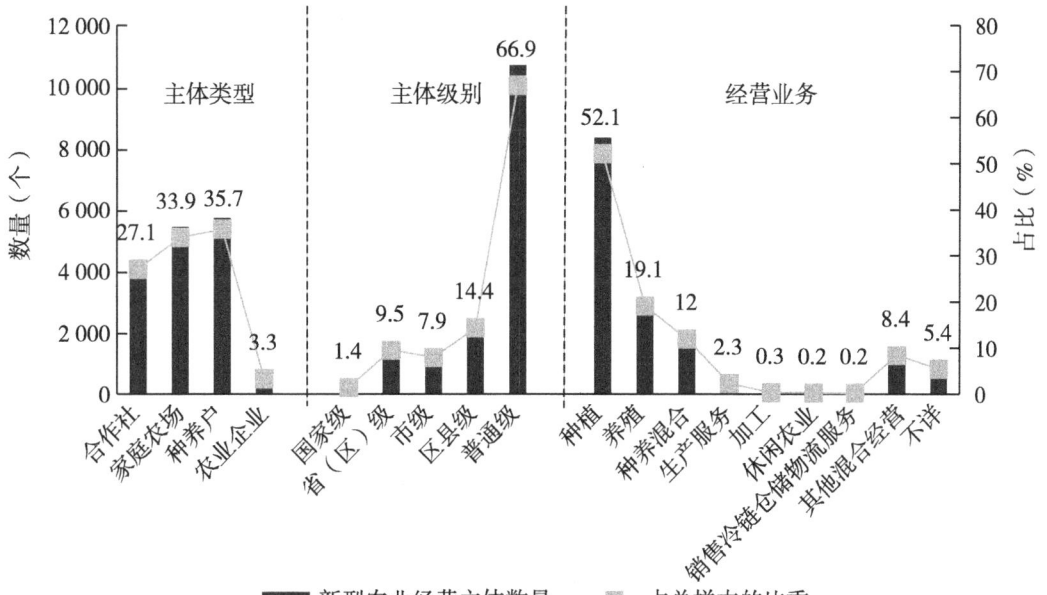

图 6-1 新型农业经营主体的类型、级别及经营业务分布情况

注：其他混合经营类是指除种养混合类外，包括两种及以上的经营业务。不详类是在数据系统中没有填报具体经营业务的主体。

从经营土地面积看，新型农业经营主体经营土地面积平均为 799.7 亩，其中：合作社是经营土地面积最大的主体，平均达到 2 179.7 亩；其次是龙头企业，平均土地经营规模为 927.9 亩；最后是家庭农场和大户，平均经营土地规模分别为 399.3 亩和 121.7 亩。从经营土地面积区间看，不大于 50 亩的主体最多，为 7 281 个，占 45.5%；经营面积大于 200 亩的主体，有 5 254 个，占 32.8%。从流转土地面积看，新型农业经营主体平均流转土地面积为 114.3 亩，其中：家庭农场是土地流转面积最大的主体，平均流转面积达到 254.0 亩；其次是农业企业，平均土地流转面积为 242.2 亩；合作社和种养大户土地流转面积较少。从流转面积区间看，流转面积呈现"两头多中间小"的特点，流转不大于 10 亩的主体和大于 200 亩的主体较多，两者之和占全部主体的 75.5%（表 6-1）。

表 6-1　新型农业经营主体经营及流转土地面积按面积区间和主体类型统计

经营土地面积按面积区间和主体类型统计					
面积区间	数量（个）	平均面积（亩）	主体类型	数量（个）	平均面积（亩）
经营面积≤50	7 281	14.0	合作社	4 336	2 179.7
50＜经营面积≤100	1 586	76.5	家庭农场	5 428	399.3
100＜经营面积≤200	1 883	150.3	种养户	5 719	121.7
200＜经营面积≤500	2 460	332.4	农业企业	521	927.9
经营面积＞500	2 794	4 106.7	合计	16 004	799.7
流转土地面积按面积区间和主体类型统计					
面积区间	数量（个）	平均面积（亩）	主体类型	数量（个）	平均面积（亩）
流转面积≤10	9 888	0.9	合作社	4 336	0.5
10＜流转面积≤50	1 655	29.9	家庭农场	5 428	254.0
50＜流转面积≤100	1 066	76.8	种养户	5 719	56.3
100＜流转面积≤200	1 199	149.6	农业企业	521	242.2
流转面积＞200	2 196	687.4	合计	16 004	114.3

三、新型农业经营主体融资供需现状及特点

本书从需求和供给两个维度，对新型农业经营主体的资金需求额度与用途、获贷金额与期限及贷款获批率与满足度进行系统分析。

（一）资金需求规模以50万元及以内为主，借款用途集中，50%以上用于扩大经营

新型农业经营主体普遍有较高的融资需求，平均申贷额为60.7万元。78.6%的主体的申贷额在50万元及以下，其中：申贷额在10万~50万元（含）的新型农业经营主体最多，为7 573个，占样本总量的近一半，为47.3%；申贷额10万元及以内的主体占比31.3%；申贷额为50万~200万元（含）的主体占比16.8%，平均贷款需求为100.0万元；资金需求额度在200万元以上的主体共有736个，仅占4.6%。新型农业经营主体申贷用途集中，51.4%的新型农业经营主体的贷款用于扩大经营，扩大经营的平均申贷额为61.2万元；有20.0%的主体的申贷用途是购买农资；申请贷款用于基础建设的主体占比不是很高，为9.2%，但资金需求额最大，平均为102.1万元；贷款用于短期垫资、购买农具、土地租金及其他用途的比例分别为5.3%、5.8%、3.0%和5.4%，用于购买农具和土地租金的资金需求额相对较小，分别为31.6万元和40.5万元（表6-2）。

表 6-2　新型农业经营主体申贷额按金额区间和用途统计

申贷额（万元）	样本数（个）	占比（%）	平均申贷额（万元）	贷款用途	样本数（个）	占比（%）	平均申贷额（万元）
申贷额≤10	5 011	31.3	7.4	短期垫资	855	5.3	66.6
				购买农具	921	5.8	31.6
10＜申贷额≤50	7 573	47.3	29.6	购买农资	3 194	20.0	50.6
				基础建设	1 471	9.2	102.1
50＜申贷额≤200	2 684	16.8	100.0	扩大经营	8 225	51.4	61.2
				土地租金	477	3.0	40.5
申贷额＞200	736	4.6	528.0	其他	861	5.4	58.4
				合计	16 004	100.00	60.7

（二）贷款获批率不到 1/3，且以 1 年期内、50 万元以内贷款为主

新型农业经营主体的贷款获批率较低，在提出贷款申请的 16 004 个主体中，有 5 214 个获得贷款，贷款获批率仅为 32.6%，也就是说，有超过 2/3 的主体的贷款申请未获批准。获贷主体的平均获贷额为 32.3 万元，并以 50 万元及以下的小额贷款为主，占总获贷主体的 89.4%，其中：获贷额在 10 万元及以下的主体占 42.5%；获贷额大于 10 万元而小于 50 万元（含）的主体占 46.9%。贷款以短期为主，平均贷款期限为 18.4 个月，其中：高达 69.8% 的主体的实际贷款期限在 1 年期内（含），贷款期限在 2~3 年（含）的有 1 279 个，占比 24.5%，贷款期限为 1~2 年（含）的有 252 个，占比 4.8%，贷款年限 3~5 年（含）的最少，为 43 个，占比仅 0.8%。实际利率普遍较高，平均年利率为 6.70%，是 2020 年银行 1~5 年基准贷款年利率（为 4.75%）的 1.41 倍，其中：1 年期以内利率（含 1 年）为 6.90%，是银行 1 年以内（含 1 年）基准利率的 1.59 倍（表 6-3）。

表 6-3　新型农业经营主体贷款占比和获贷金额、期限及利率

获贷额（万元）	样本数（个）	占比（%）	平均获贷额（万元）	贷款期限（月）	样本数（个）	占比（%）	平均期限（月）	平均年利率(%)
获贷额≤10	2 217	42.5	7.9	期限≤12	3 640	69.8	11.6	6.90
10＜获贷额≤50	2 446	46.9	26.5	12＜期限≤24	252	4.8	22.3	7.24
50＜获贷额=200	453	8.7	123.0	24＜期限≤36	1 279	24.5	35.7	6.07
获贷额＞200	98	1.9	312.1	36＜期限≤60	43	0.8	56.1	5.89
合计	5 214	100.0	32.3	合计	5 214	100.0	18.4	6.70

注：占比=获得贷款的样本数/实际获贷的主体数量 5 214 个。

（三）贷款需求足额发放率较低，仅为 27.9%，且实际利率高于预期水平

贷款需求额满足度和足额发放率都不高。高达 72.1% 主体的贷款需求要么完全未

被满足,要么仅部分满足。其中:未获得贷款的主体 10 790 个,占全部申贷主体的 67.4%,贷款需求额部分满足的有 745 个,占已获贷主体的 14.3%,占全部申贷主体的 4.7%。在贷款需求额满足度上,满足度在 50%~75%(含)的有 247 个,占全部申贷主体的 1.5%;153 个主体的满足度在 75%~100%,占全部申贷主体的 1.0%。贷款需求足额发放的主体共 4 469 个,占全部申贷主体的 27.9%。其中:3 904 个主体的贷款需求额被完全满足,也即申贷额和获贷额相等;565 个主体的获贷额高于申贷额,之所以存在这种情况,可能是因为新型农业经营主体在提出贷款申请时不太清楚可以增加其贷款的一些条件,而在实际放贷过程中,金融机构发现其有可以抵押或者有担保的固定资产,会增加放贷额(表6-4)。实际利率与预期利率的比值平均为 1.04,也就是说,实际利率比预期利率高出 4 个百分点,其中:有 1 789 个、占比 34.3% 的主体的实际利率大于预期利率,是预期利率的 1.26 倍。

表6-4 新型农业经营主体贷款需求额满足度情况

项目	样本数(个)	占实际获贷主体的比重(%)	占全部申请贷款主体的比重(%)
0<满足度≤25%	126	2.4	0.8
25%<满足度≤50%	219	4.3	1.4
50%<满足度≤75%	247	4.7	1.5
75%<满足度<100%	153	2.9	1.0
满足度=100%	3 904	74.9	24.4
满足度>100%	565	10.8	3.5

注:贷款需求额满足度=获贷额/申贷额。本书中的贷款足额发放是指贷款需求额满足度不小于 100%,贷款足额发放率=足额发放贷款的主体数量/全部申贷主体数量。

四、新型农业经营主体融资供需的异质性特征

对比分析种养大户、合作社、家庭农场、农业企业在融资供需方面的差异,探讨主体等级、经营业务、贷款用途、经营及流转土地面积对新型农业经营主体贷款获批率和贷款需求额满足度的影响。

(一)融资需求的异质性特征

(1)不同类型主体中,农业企业资金需求额最大,种养大户和家庭农场的资金需求额相对较小。如表6-5所示,农业企业资金需求额平均为 228.1 万元,是合作社的 2.2 倍、家庭农场的 4.8 倍,种养大户资金需求额最小,仅为 26.1 万元。进一步对各类型主体的申贷额分布进行分析,发现:合作社和农业企业的资金需求额基本都呈现"两头小中间大"的分布状态,申贷额在 10 万元及以下和 200 万元以上的主体分别占比 23.5% 和 25.6%,76.4% 的合作社和 74.5% 的农业企业的申贷额在 10 万~200 万元(含 200 万元)范围。家庭农场资金需求额分布较为集中,申贷额在 10 万~50 万元(含 50 万元)的家庭农场占 53.1%。种养大户

资金需求额呈"L"形分布,高达94.2%的种养户的申贷额在50万元及以内,其中申贷额在10万元及以内的占49.7%,鲜有种养大户的申贷额在200万元以上。

表6-5 不同类型新型农业经营主体的资金需求额的区间分布

类型	申贷额≤10万元	10万元＜申贷额≤50万元	50万元＜申贷额≤200万元	申贷额＞200万元	平均申贷额（万元）
合作社	12.7	45.1	31.3	10.8	103.1
家庭农场	29.0	53.1	15.5	2.4	47.2
种养大户	49.7	44.5	5.0	0.8	26.1
农业企业	7.7	36.9	37.6	17.9	228.1

（2）国家级、从事加工业务、经营和流转土地面积大的主体的资金需求额更大。新型农业经营主体资金需求额呈现主体级别越高,需求额越大的特点,国家级主体的平均资金需求额为215.5万元,是普通级别主体的5.1倍。加工类、休闲农业类和销售、冷链、仓储、物流服务类主体的资金需求额较大,均超过100万元,分别为161.3万元、123.7万元和108.9万元,种植类资金需求额少,为47.4万元。经营土地面积越大,资金需求额也越大。经营土地面积在500亩以上主体的平均资金需求量为101.9万元,是经营土地面积100亩（含）以下主体的1倍多。在流转土地面积与资金需求额的关系上,整体也呈高度正相关,流转土地面积在200亩以上主体的平均资金需求额为70.0万元,而流转土地面积在10~50亩（含50亩）的为37.5万元。详见图6-2。

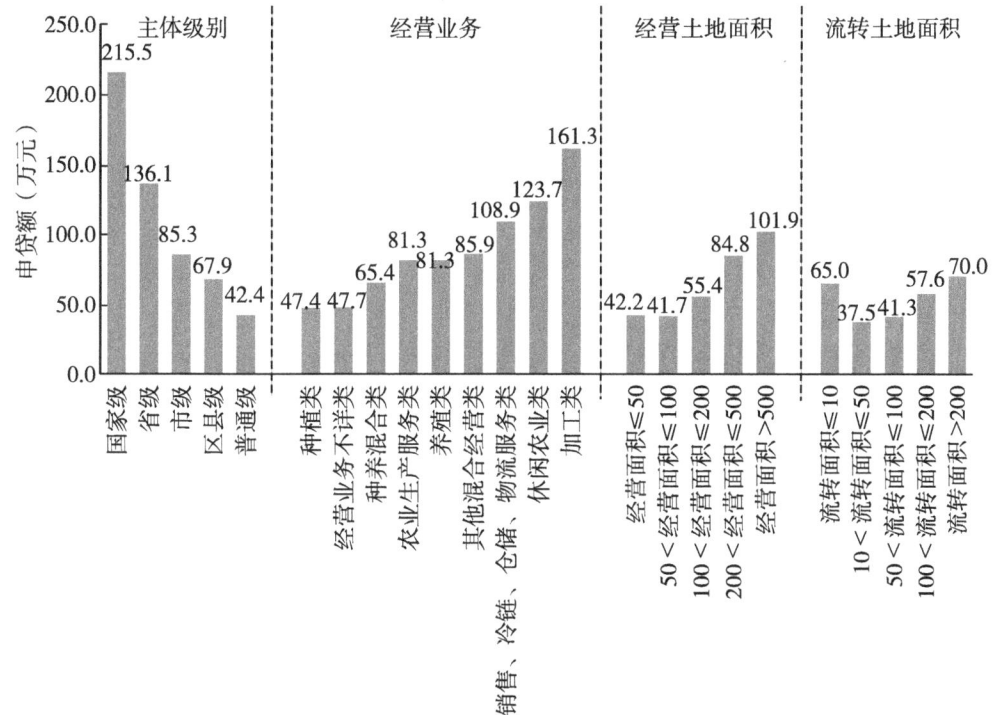

图6-2 不同特征新型农业经营主体的资金需求额

（二）融资供给的异质性特征

（1）不同类型主体中，种养大户的贷款获批率最高但获贷额最小，合作社贷款获批率不高但获贷额却最高。从表6-6（b）栏中可看出，种养大户的贷款获批率最高，为75.7%，这说明种养大户通过金融机构审批的门槛相对较低。但种养大户的获贷额是最低的，平均为20.4万元。家庭农场的贷款获批率最低，仅为5.4%，但平均获贷额是种养大户的2.4倍，为48.5万元。合作社和农业企业均具有相对较严格的贷款审批门槛，贷款获批率相对较低，合作社仅为9.5%，也即每100个申请贷款的合作社中，获得贷款的不到10个。但是，合作社和农业企业获贷额较高，分别为114.5万元和104.1万元。

（2）申贷额小的获贷可能性大，级别越高获贷额越大，同时，贷款获批率和获贷额与经营业务、贷款用途密切相关。从表6-6（a）（c）（d）栏可看出，一方面，额度小、从事种植业务、用于购买农资的主体的贷款获批率相对更高。申贷额越大，获贷可能性越小，申贷额在10万元及以下主体的贷款获批率最高，为44.2%，是申贷额在200万元以上主体获批率的3.3倍。从事种植业务的主体贷款获批率最高，为42.0%，但获贷额最小，这也进一步说明，申贷额小的主体更易获批贷款；贷款用于购买农资的主体获贷率较高，为48.7%，短期垫资和土地租金类的贷款需求的获贷率较低，仅为7.0%和4.2%。另一方面，级别高、从事经营冷链销售仓储物流服务业务、贷款用途用于基础建设的主体，获贷额较高。国家级主体平均获贷额为183.8万元，是普通级别的6.54倍。销售冷链仓储物流服务类、农业生产服务类获贷额分别为152.9万元和63.8万元，分别是种植类的6.2倍和2.6倍。用于基础建设和短期垫资用途的获贷额分别为60.9万元和51.5万元，是购买农具类用途的2.5倍和2.1倍。

表6-6 不同类型和不同特征的新型农业经营主体的贷款获批率和获贷额

a栏：申贷金额与获批率、获贷额				b栏：主体类型与获批率、获贷额			
申贷金额（万元）	获贷主体（个）	获批率（%）	获贷额（万元）	主体类型	获贷主体（个）	获批率（%）	获贷额（万元）
申请金额≤10	2 217	44.2	7.9	种养户	4 328	75.7	20.4
10＜申请金额≤50	2 446	32.3	26.5	农业企业	185	35.5	104.1
50＜申请金额≤200	453	21.0	123.0	合作社	410	9.5	114.5
申请金额＞200	98	13.3	312.1	家庭农场	291	5.4	48.5
c栏：经营业务与获批率、获贷额				d栏：贷款用途与获批率、获贷额			
经营业务	获贷主体（个）	获批率（%）	获贷额（万元）	贷款用途	获贷主体（个）	获批率（%）	获贷额（万元）
经营业务不详类	679	79.0	27.4	其他	483	56.1	40.8
种植类	3 503	42.0	24.8	购买农资	1 556	48.7	26.9
销售、冷链、仓储、物流服务类	7	28.0	152.9	扩大经营	2 693	32.7	33.1

(续表)

c栏：经营业务与获批率、获贷额			d栏：贷款用途与获批率、获贷额		
经营业务	获贷主体（个）	获批率（%）	获贷额（万元）		
			贷款用途	获贷主体（个）	获批率（%）	获贷额（万元）

经营业务	获贷主体（个）	获批率（%）	获贷额（万元）	贷款用途	获贷主体（个）	获批率（%）	获贷额（万元）
养殖类	791	25.8	59.2	购买农具	287	31.2	24.5
农业生产服务类	85	23.4	63.8	基础建设	115	7.8	60.9
加工类	7	14.6	32.3	短期垫资	60	7.0	51.5
其他混合经营类	64	4.7	79.5	土地租金	20	4.2	31.4
种养混合类	78	4.0	53.6				
休闲农业类	0	0.0	0.0				

注：此处的获贷额按照实际获得贷款的5 214个样本进行统计。

（三）融资需求额满足度的异质性特征

（1）不同类型主体的贷款需求额满足度差距显著，最高的种养大户是最低的家庭农场的10倍多。从表6-7中可看出，贷款需求额满足度最高的是种养大户，为59.1%；其次是农业企业，满足度为16.2%，最低的是家庭农场，满足度仅为5.5%。不同类型主体的贷款需求足额发放率相差也较大，有66.2%的种养户的贷款需求额被全部或超额满足，但合作社和家庭农场的贷款需求额足额发放率较低，分别仅为7.6%和3.9%。如果在贷款获批发放的前提下考虑贷款足额发放率，则各类主体相差不是很大，均在70%以上，最高种养户的足额发放率为87.4%，最低的家庭农场也有72.5%。

表6-7 不同类型新型农业经营主体的贷款需求额满足度

满足度区间	合作社		家庭农场		种养大户		农业企业	
	主体数量（个）	平均满足度（%）	主体数量（个）	平均满足度（%）	主体数量（个）	平均满足度（%）	主体数量（个）	平均满足度（%）
满足度=0	3 926	0.0	5 137	0.0	1 391	0.0	336	0.0
满足度≤25%	27	14.5	19	14.8	67	13.9	13	16.8
25%＜满足度≤50%	23	38.5	31	40.3	157	42.9	8	40.8
50%＜满足度≤75%	23	65.8	19	66.5	193	65.9	12	64.0
75%＜满足度＜100%	6	86.1	11	87.7	127	86.2	9	91.5
满足度=100%	300	100.0	176	100.0	3 302	100.0	126	100.0
满足度＞100%	31	210.4	35	197.5	482	297.1	17	155.8
合计	4 336	10.5	5 428	5.5	5 719	59.1	521	16.2
贷款需求额足额发放率	7.6%		3.9%		66.2%		27.4%	

注：表中贷款需求额足额发放率=贷款足额满足的主体数/申贷主体数，文中贷款足额发放率=贷款足额满足的主体数/获贷主体数。

（2）普通级别，销售、冷链、仓储、物流服务业务，购买农资用途的主体的资金需求额满足度较大。普通级别主体的资金需求额满足度反而高，为30.4%，这可能是因为普通级别主体申贷额较低、但获贷率又较高所致。销售、冷链、仓储、物流服务类主体的资金需求额满足度较高，平均的申贷额为108.9万元，获贷额是42.8万元，满足度为39.3%；其次依次是种植类、养殖类、农业生产服务类，资金需求额满足度分别为22.0%、18.8%和18.3%；休闲农业类主体资金需求额最大但却没有获得贷款。购买农资、农具、扩大经营的主体的贷款需求对应满足相比其他用途要高，分别为25.9%、24.2%和17.7%（图6-3）。

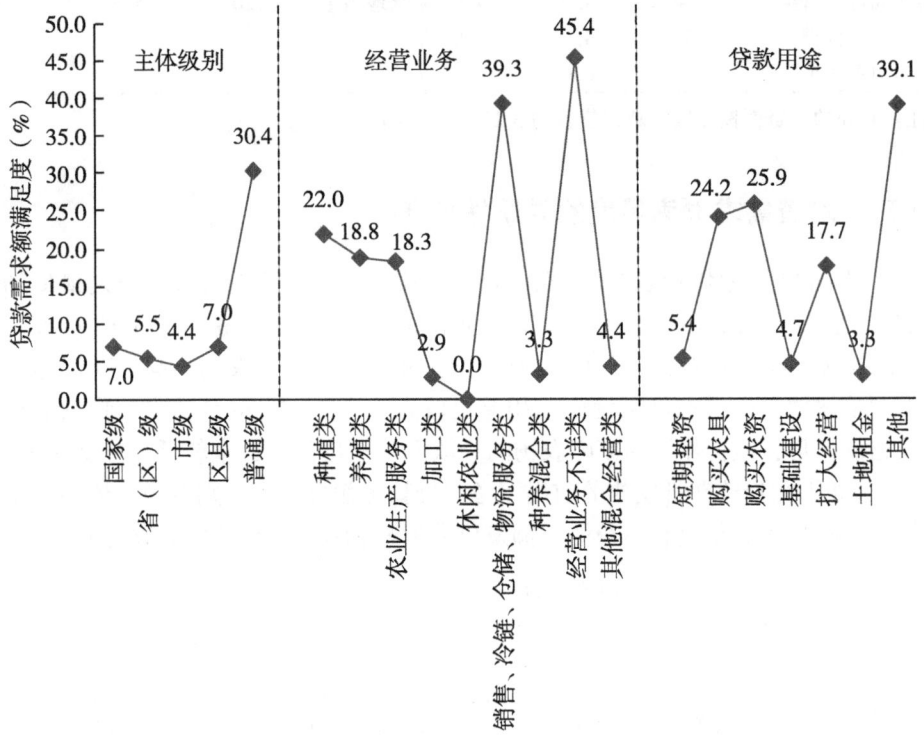

图6-3 不同特征新型农业经营主体的贷款需求额满足度情况

五、新型农业经营主体融资难成因及对策建议

总体来说，新型农业经营主体的快速成长正在不断扩大金融需求，平均申贷额超过60万元，但当前农村金融对其的支持仍然严重不足，供求失衡矛盾突出。新型农业经营主体申贷获批率较低，尚有超过2/3的申贷主体不能获得贷款批准，且实际贷款以短期小额为主，贷款额满足度不高，贷款需求足额发放率较低，仅为27.9%。同时，实际利率普遍高于预期水平。因此，剖析新型农业经营主体融资难、融资贵背后的原因，提出深化农村金融体制改革和同步推进相关配套改革，支持新型农业经营主体发展的对策建议十分紧迫。

（一）融资难成因分析

一是金融机构与新型经营主体之间的融资供需信息对接渠道不畅。我国城乡间以及不同区域的乡村间，金融服务本就存在不均衡、不对等现象，在广大农村和县域地区，金融网点覆盖率不高，网点覆盖面较小，且金融服务的广度和深度不够，再加上新型农业经营主体与金融机构之间的信息对接共享机制尚未建立，进一步加剧了其融资的难度。当前中国人民银行金融信用信息基础数据库，只是以个人和企业两种主体身份收录征信信息。尽管近几年，很多地区都开展了不同程度的农村信用体系建设，但基本都只限于或偏重于普通农户，新型农业经营主体的信用建设相对薄弱，包括新型经营主体基本情况、生产经营信息、融资需求信息等为一体的全量信息库由谁来建、如何建，以及建好后如何与金融机构共享应用等一系列问题仍处于探讨摸索阶段，当前金融机构难以及时掌握新型经营主体的征信信息及融资需求信息，也是造成融资供需不匹配的重要原因。

二是金融机构融资产品和服务创新不够。当前，农业银行、邮政储蓄银行、农村信用社等金融机构仍是主要信贷资金提供方，村镇银行、农村合作银行等仍难以给新型主体提供贷款。尽管互联网金融近年来逐渐拓展到农村金融领域，但发展非常不充分而且主要以非农业务为主，对新型农业精英主体的金融信贷支持作用极小，而农村合作金融资金少不能满足新型农业经营主体季节性和大额用款需求，使得新型农业经营主体的融资供给总体不足。与此同时，精准针对新型农业经营主体需求的产品和服务不多。虽然涉农金融机构均表示农业经营主体是其重要的服务对象，但很多银行并未针对其特点开发具有针对性的产品和服务，存在期限错配、额度不满、定价不合理等问题，贷款方式仍主要采用传统的资产抵押和第三方担保模式，土地附属设施、大型农机具、农产品、农业订单等为抵押的贷款存在困难，已有的供应链金融、金融科技等多种信贷支持技术的应用也极为有限。

三是新型农业经营主体自身发展困境。新型农业经营主体融资难也存在其自身的原因。一些新型农业经营主体规范性不足，多采取粗放式的经营管理模式，生产规模普遍小。同时，普遍产业链条相对较短，品牌建设滞后，产品附加值低，销售渠道不畅，传统销售渠道依赖度高，生产体系标准欠缺，质量监管体系不完善等，产业运营效率低，容易受到市场波动的冲击，市场风险大，发展困难。另外，一些新型农业经营主体并未建立相应的财务管理制度，财务信息透明度低，没有建立相应的结算账户，金融机构难以判断及经营状况，进一步降低了为其放贷的可能性。

（二）对策建议

一是强化新型农业经营主体融资供需信息对接和动态监测。尽管农业农村部新型农业经营主体信息直报系统中有金融平台模块，金融机构能获取主体的金融需求信息并提供金融产品和服务。但当前系统中有关信息填报属于自愿行为，只涵盖小部分主体，难以全面反映主体的融资需求动态。而且地方政府与相关部门、农村金融机构之间缺乏基于该平台的长效合作机制,难以实现融资供求的顺利对接。因此,亟须提高金融机构支持新型农业经营主体发展的精准性和有效性。建议进一步完善新型农业经营主体融资供需信息对接平台,加强运用信息技术开展金融需求信息的收集和分析工作,强化对主体融资需求变化的动态监测和评估,促进信息共享共用。

二是鼓励从融资需求特征出发的金融产品和服务创新。新型农业经营主体是实现农业现代化的骨干力量,要将其作为农业贷款主体,充分调动金融机构放贷积极性,提高产品、服务与其需求的匹配度。首先,降低金融机构放贷成本和风险,促进金融供给增加。完善新型农业经营主体信用等级评定体系、优化贷款审批流程、提升农村金融基础设施。开展政府、金融机构、新型农业经营主体多方合作、风险共担信贷模式,加快保险、担保体系建设,降低贷款风险。其次,丰富信贷产品并创新服务模式,提高供需匹配度。在扩大贷款规模、调整贷款期限、合理确定利率水平基础上,根据主体生产经营项目和主体类别差异,开发针对性产品。拓宽有效担保抵押物范围,推进大型农机具融资租赁服务、农业保单融资、订单融资、直接补贴资金担保贷款。加快推广微贷技术、产业链金融模式。

三是提升新型农业经营主体自身经营能力并加大政府支持力度。新型农业经营主体组织机制不健全、管理不规范、产业链发展滞后及政策支持不足是其融资难的重要原因。首先,增强新型农业经营主体经营能力。完善新型农业经营主体经营管理机制,加强管理培训,规范法人治理结构和财务内控管理,提升对经营、品牌、销售、技术及市场信息的认知。其次,加大政策支持力度。完善农业补贴政策,在现有补贴种类的基础上新增倾斜性或引导性补贴。鼓励扶持有基础、有发展前景的新型农业经营主体,整合各类财政支农资金。同时,提供多形式、多层次、体系化的社会化配套服务,帮助有发展壮大意愿的新型农业经营主体建立相对低风险且安全可靠的产业链条。

参考文献

黄祖辉,俞宁,2010. 新型农业经营主体:现状、约束与发展思路——以浙江省为例的分析 [J]. 中国农村经济(10):16-26,56.

经济日报社中国经济趋势研究院新型农业经营主体课题组,2019. 新型农业经营主体信贷规模有所提升 [N]. 经济日报(5).

四川省社会科学院,联合宜信普惠,2016. 四川农村金融发展白皮书暨新型农业经营主体金融需求调查 [R].

宋洪远,石宝峰,吴比,2020. 新型农业经营主体基本特征、融资需求和政策含义 [J]. 农村经济(10):73-80.

孙立刚,刘献良,李起文,2015. 金融支持新型农业经营主体的调查与思考 [J]. 农村金融研究(5):20-24.

孙卫东,2018. 着力满足新型农业经营主体金融需求 [N]. 金融时报(11).

孙志毅,卢浩洁,齐畅,等,2018. 供给侧改革视角下新型农业主体融资模式创新

研究 [J]. 商业经济（9）：112-114.

王莉，2014. 新型农业经营主体正规信贷需求及其可获性影响因素研究 [D]. 南京：南京农业大学.

王天琪，2018. 山东省农民专业合作社融资需求及可得性影响因素研究 [D]. 泰安：山东农业大学.

徐超，宋丹，2018. 改进新型农业经营主体金融信贷状况的思路与对策 [J]. 征信，36（8）：85-88.

张启文，黄可权，2015. 新型农业经营主体金融服务体系创新研究 [J]. 学术交流（7）：130-135.

张雁明，2016. 基于产品创新视角的金融支持新型农业经营主体研究 [D]. 北京：中国农业科学院.

赵健，2014. 关于新型农业经营主体融资难问题的调查思考 [J]. 经济师（2）：181-182.

第四篇
农业科技创新供给的体制机制

第七章 我国公共农业 R&D 投资变化及国际比较研究

一、引　　言

农业科技对农业发展起着关键作用，我国农业科技贡献率一直稳步提升，到 2013 年达到 55.2%，但与发达国家相比仍然有较大的差距，国外农业科技对农业增长的贡献率已经达到 70% 以上（詹吉英 等，2005）。尽管农业科技进步主要依靠投入（Robert，1988；丁晨芳 等，2007），但由于农业科研的纯公共产品属性使得以家庭为代表的农业生产基本单位通常无力进行科研活动，农业科研成果的供需往往存在市场失灵，需要政府承担主要的投资责任。"十五"以来，我国对农业科研的财政投入逐年增加，尤其是国务院办公厅转发财政部、科技部《关于改进和加强中央财政科技经费管理若干意见的通知》（国办发〔2006〕56 号）下发后，中央财政大幅增加了对公益性农业科研的财政投入。然而，研究表明，尽管我国公共农业 R&D 投资不断增长，但以公共农业 R&D 支出占农业 GDP 的比重（%）表示的投入水平始终处于较低水平，2000 年不及世界平均水平的 37.8%，不及高收入国家的 16.1%。国家级农业科研机构作为我国公益性农业科研的重要力量，承担着国家层面的基础性、应用性研究，是我国农业科研财政投入的重点。

国内学者从宏观层面对我国农业科技财政投入的研究文献可谓是汗牛充栋，但从中观层面以国家级农业科研机构为研究对象，对其财政投入进行研究的文献则稍显不足，主要集中在国家级农业科研机构财政投入总量、结构上的分析，以及具体的财政投入类别的研究上。例如，范静（2008）、高养杰（2009）以 2007 年的数据为例，对国家级农业科研机构的财政资金投入规模、结构变动以及投入中存在的问题进行了分析，并给出了优化财政资金投入结构的政策建议；张晓泉等（2011）对国家级农业科研机构 2006—2008 年的财政投入总量、结构以及 3 类不同机构的差异化进行了研究；刘振虎等（2010）对国家级农业科研单位修购专项经费投入情况进行了分析；侯向娟等（2012）运用"三院"（中国农业科学院、中国水产科学院、中国热带农业科学院，简称"三院"，下同）2006—2008 年的财政拨款数据，具体分析了国家级农业科研单位保障经费的投入现状和实际需求现状；农业科研机构科学事业费基本支出投入情况课题组（2006）对国家级农业科研机构科学事业费基本支出状况进行了研究。上述研究要么只关注国家级农业科研机构某一较短时期内财政投入某个方面的情况，要么只是关注财政投入某个类别经费的情况，具有很大的片面性。

因此，为了判断我国公共农业 R&D 投资的实际情况及其存在的问题，本部分从以下几个方面展开：首先，分析我国公共农业 R&D 投入及其结构的变化情况，并与其他国家的差异进行比较。其次，以农业农村部所属的中国农业科学院、中国水产科学研究院及中国热带农业科学院 3 家国家级农业科研机构为例，对它们的财政投入现状及其缺口情况分析。最后，探讨了进一步提高我国公共农业 R&D 投资、促进农业科技创新的相关对策，为加快新时期农业科技创新提供决策依据。

本部分的相关数据来源及其说明如下。一是公共农业 R&D 投资数据。源自国际食物政策研究所（IFPRI）的农业科技数据库，世界银行资助下的大样本调查使数据库得以涵盖全球 138 个国家的相关数据。由于大样本调查的复杂性和长期性，在笔者写此内容时，该数据库的最新调查数据在 2012 年才正式对外公布，且绝大部分国家只有 2007 年以前的数据，这虽然降低了数据的及时性，但数据质量和系统性却得到了保障。截至 2015 年，国际食物政策研究所依然没有公布最新数据，根据以往的公布规律，新数据的发布可能还需三五年时间，本研究等待新数据可能会导致研究面临更大的时滞性问题，鉴于上述客观原因，本研究将会对数据和研究进行后续跟踪，尽可能保证研究框架和数据的一致性和时效性。二是国家级农业科研机构相关数据。均来自农业部科技教育司编著的《农业部直属科研机构财务数据集（2001—2010）》《全国农业科技统计资料汇编（1988—2011）》，国家统计局编著的《中国统计年鉴（2011）》《中国农业科学院年鉴（2011）》；中央部署级研究机构及中国科学院的相关数据均来自《中国科技统计年鉴（2001—2011）》。

二、我国公共农业 R&D 投资的现状及其变化

（一）公共农业 R&D 投资规模

进入 21 世纪以来，我国公共农业 R&D 投资迅猛增长。我国公共农业研发投资在经历了"七五"时期的缓慢增长期后，开始快速增长（表 7-1、表 7-2）。全国公共农业研发投资从 1991 年的 33.154 亿元增长到 2007 年的 125.025 亿元（以 2005 年为不变价），增加了将近 3 倍。在扣除物价因素分阶段分析，则出现不同的结果。公共农业研发投资在 20 世纪 80 年代后半期增长最慢，1986—1990 年年均增长率仅为 2.34%；20 世纪 90 年代上半期增长较快，1990—1995 年年均增长率达到 7.02%，下半期则增长相对较缓，1995—2000 年年均增长率下降为 5.19%，2000—2007 年平均增长率为 9.62%。新一轮改革开始后的 2000—2005 年，公共农业投资的年均增长速度达到 7.57%，而 2005—2007 年更是得到迅猛增长，突破 10%，达到 14.89%。

表7-1 1986—2007年我国公共农业R&D投资

年份	以2005年本币计价的公共农业R&D投资额（1×10^6元）	按2005年PPP美元计价的公共农业R&D投资额（1×10^6美元）
1986	3 315.4	961.6
1987	3 230.6	937.1
1988	3 801.0	1 102.5
1989	4 056.8	1 176.7
1990	3 636.8	1 054.9
1991	3 875.8	1 124.2
1992	4 691.6	1 360.8
1993	6 032.0	1 749.6
1994	5 157.0	1 495.8
1995	5 105.4	1 480.9
1996	5 461.8	1 584.2
1997	5 022.0	1 456.7
1998	5 841.6	1 694.4
1999	6 660.5	1 931.9
2000	6 575.0	1 907.1
2001	7 051.0	2 045.2
2002	8 757.9	2 540.3
2003	9 794.5	2 841.0
2004	9 232.8	2 678.0
2005	9 471.2	2 747.2
2006	10 094.0	2 927.8
2007	12 502.5	3 626.4

表7-2 年平均增长率 （单位:%）

年份	1986—1990	1990—1995	1995—2000	2000—2005	2000—2007	1986—2007
增长率	2.34	7.02	5.19	7.57	9.62	6.52

资料来源：Agricultural Science and Technology Indicators (ASTI) data Tool 2012。

注：年平均增长率 $x=(c/a)^{(1/n)}-1$，其中，a 为基期数额，n 为年限，c 为期末数额。

（二）公共农业R&D投资流向

在公共农业R&D投资的流向上，高等教育部门农业R&D投资比例逐渐增大，但政府部门公共农业R&D投资在总投资中仍占有绝对的份额。政府部门和高等教育部门的公共农业研发的绝对支出都有增长，但高等教育部门的年平均增长率大于政府部门。其中：政府部门的农业研发支出从1986年的31.516亿元增长到2007年的108.394亿元，增长了将近3倍；高等教育部门的农业研发支出从1986年的1.637亿元增加到2007年的16.631亿元，翻了3番还多（图7-1），占比从4.94%增加到13.3%。

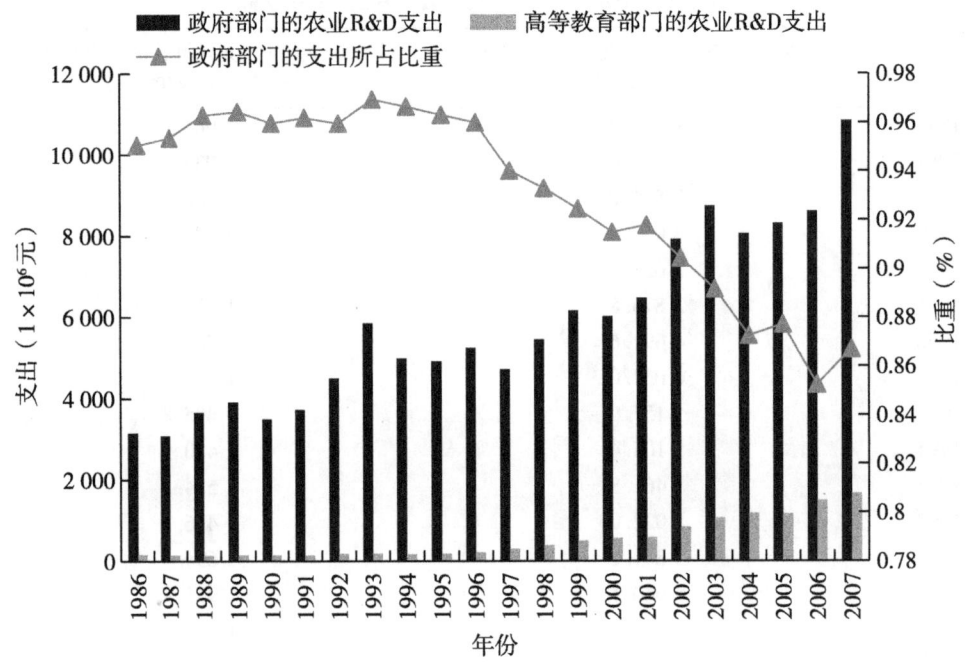

图 7-1　1986—2007 年我国公共部门农业 R&D 支出结构

[数据来源：Agricultural Science and Technology Indicators（ASTI）data Tool 2012]

（三）公共农业 R&D 投资强度

公共农业 R&D 投资强度从 1986 年以来增长缓慢，还处于较低水平。公共农业投资强度可以用多个指标来衡量，国际上最常用的是用公共农业 R&D 投资占农业 GDP 中的比重来表示，这一比值除了在 1993 年达到 0.50% 以外，2000 年以前都没有太大的变化，一直在 0.30%~0.40% 波动；进入新千年以后，有了一定的增长，相比 2021 年，2007 年有了 0.1% 的增加，达到 0.49%，但仍处于较低水平。除了用公共农业 R&D 投资占农业 GDP 中的比重来衡量投资强度外，人均投资量也可以从另一个方面来说明公共农业研发投资的强度。农业劳动力的人均公共农业 R&D 支出额和人均公共农业 R&D 支出额也是重要的衡量指标。农业劳动力的人均公共农业 R&D 支出额在 2000 年以后有加快的增加，这很大程度上得益于城市化进程的加速造成的我国农业劳动力的减少，使得农业劳动力的人均公共农业 R&D 支出从 1986 年的 2.17 元增加到 2007 年的 7.18 元（表 7-3）。

表 7-3　1986—2007 年我国公共农业 R&D 的投资强度

年份	公共农业 R&D 支出占农业 GDP 的比重（%）	农业劳动力的人均公共农业 R&D 支出（元）	人均公共农业 R&D 支出（元）
1986	0.38	2.17	0.89
1987	0.34	2.06	0.86

（续表）

年份	公共农业 R&D 支出占农业 GDP 的比重（%）	农业劳动力的人均公共农业 R&D 支出（元）	人均公共农业 R&D 支出（元）
1988	0.37	2.37	0.99
1989	0.39	2.48	1.04
1990	0.31	2.19	0.92
1991	0.34	2.31	0.97
1992	0.40	2.77	1.15
1993	0.50	3.54	1.47
1994	0.37	3.01	1.24
1995	0.33	2.97	1.22
1996	0.33	3.17	1.29
1997	0.30	2.90	1.17
1998	0.33	3.37	1.35
1999	0.38	3.83	1.53
2000	0.38	3.78	1.50
2001	0.39	4.05	1.59
2002	0.46	5.02	1.96
2003	0.51	5.61	2.18
2004	0.41	5.29	2.04
2005	0.42	5.43	2.08
2006	0.44	5.80	2.20
2007	0.49	7.18	2.71

数据来源：Agricultural Science and Technology Indicators（ASTI）data Tool 2012、《中国人口统计年鉴》。

注：公共农业 R&D 投资强度按 2005 年 PPP 美元不变价计算而来。

（四）公共农业 R&D 投资领域

主要关注农业，农、林、牧、渔服务业，两大领域的投资额占公共农业 R&D 总投资的 80%。本节以《中国科技统计年鉴》中研究与开发机构农、林、牧、渔及它们的服务业中的政府资金来衡量公共农业 R&D 投资情况，根据公共农业 R&D 投资在各个行业的资金分配比例情况来反映投资关注的领域。近年来，我国公共农业 R&D 资金主要投向了农业和农、林、牧、渔服务业，渔业方面的投资最少；以 2012 年为例，农业，农、林、牧、渔服务业，林业，畜牧业，渔业 R&D 投资的政府资金占公共农业 R&D 总投资的比例分别为 56.35%、20.34%、9.41%、7.74%和 6.16%（表 7-4）。

表 7-4 各行业政府拨款的 R&D 经费占公共农业 R&D 经费的比重

年份	农业（%）	林业（%）	畜牧业（%）	渔业（%）	农、林、牧、渔服务业（%）
2002	60.71	9.70	5.60	6.08	17.91
2003	63.20	9.56	6.28	4.62	16.34

(续表)

年份	农业（%）	林业（%）	畜牧业（%）	渔业（%）	农、林、牧、渔服务业（%）
2004	62.79	8.78	5.25	5.12	18.06
2005	62.36	7.82	6.20	5.26	18.36
2006	60.39	8.20	6.90	5.00	19.51
2007	57.43	10.85	8.72	8.12	14.88
2008	56.37	9.53	6.81	5.83	21.46
2009	61.55	7.76	7.85	5.96	16.88
2010	62.67	7.64	7.30	5.88	16.51
2011	58.66	8.28	8.25	6.24	18.57
2012	56.35	9.41	7.74	6.16	20.34

数据来源：《中国科技统计年鉴》（2001—2013）。

三、公共农业 R&D 投资的国际比较

（一）全球各地区比较

（1）全球公共农业 R&D 投资不断增加，但不同地区、不同时期、不同收入水平国家的全球农业公共 R&D 投资年均增长率差异较大（表 7-5）。

农业公共 R&D 投资额有明显上升，以 2000 年的国际货币为基准价，从 1981 年的 142.43 亿美元上升到 2008 年的 279.35 亿美元；尽管发展中国家的投资额在全球所占的比例总体在上升，而高收入国家的投资额所占比重总体在下降，但仍然没有改变高收入国家占主导的地位（2008 年的全球份额为 51%）；各时期不同收入水平国家对全球投资增长额的贡献率不同，1981—2000 年，投资的增长主要是由发展中国家驱动（占总投资增加额的 68.18%），而 2000—2008 年，高收入国家对投资增长额的贡献比发展中国家略胜一筹（占总投资增加额的 52.11%）；各时期的投资增长率不同，新世纪后的年均增长率远远高于以前，2000—2008 年的年均增长率（为 4.07%）是 1981—2000 年（1.88%）的 2 倍多；各地区间尤其是发展中国家内部的投资年均增长率差异较大，1981—2008 年的投资年均增长率最大的西非和北非地区是年均增长率最低的撒哈拉以南非洲的 4 倍还多。详见表 7-5。

表 7-5 不同地区公共农业 R&D 投资额及投资增长率

项目	栏 A：投资额					
	公共支出额（1×10^6 美元）			在全球所占份额（%）		
	1981 年	2000 年	2008 年	1981 年	2000 年	2008 年
亚洲及太平洋地区	2 236	5 089	6 984	15.7	25.1	25

(续表)

项目	栏A：投资额					
	公共支出额（1×10^{6}美元）			在全球所占份额（%）		
	1981年	2000年	2008年	1981年	2000年	2008年
拉丁美洲和加勒比区	1 821	2 341	2 794	12.8	11.5	10
撒哈拉以南非洲	1 054	1 194	1 397	7.4	5.9	5
西非和北非地区	792	1 407	2 514	5.6	6.9	9
发展中国家小计	5 903	10 031	13 688	41.4	49.5	49
高收入国家	8 340	10 268	14 247	58.6	50.6	51
合计	14 243	20 298	27 935	100.0	100.0	100

项目	栏B：年均增长率（%）		
	1981—2000年	2000—2008年	1981—2008年
亚洲及太平洋地区	4.42	1.33	4.31
拉丁美洲和加勒比区	1.33	2.24	1.60
撒哈拉以南非洲	0.66	1.98	1.05
西非和北非地区	3.07	7.52	4.37
发展中国家小计	2.83	4.18	3.16
高收入国家	1.10	4.18	2.00
合计	1.88	4.07	2.53

数据来源：根据James et al.（2008）及ASTI Global Assessment of Agricultural R&D Spending 2012的数据整理而来；2008年各地区和国家的公共支出额系笔者计算得来。年平均增长率的计算方法与表7-2同。

注：支出额是以2000年的国际货币为基准价计算而来。

（2）发展中国家地区公共农业R&D投资强度都较低，内部差异不大，但远远低于高收入国家的水平（表7-6）。

表7-6 不同地区公共农业R&D投资强度

项目	农业R&D公共支出占农业GDP比（%）		
	1981年	1991年	2000年
亚太地区	0.41	0.4	0.44
拉丁美洲和加勒比区	0.46	0.49	0.53

(续表)

项目	农业 R&D 公共支出占农业 GDP 比（%）		
	1981年	1991年	2000年
撒哈拉以南非洲	0.84	0.77	0.68
西非和北非地区	0.62	0.54	0.63
发展中国家小计	0.49	0.48	0.50
高收入国家	1.62	2.33	2.36
全球	0.84	0.90	0.84

数据来源：James et al.，2008。

注：表中的投资强度为公共农业 R&D 投资额占农业 GDP 的比重，以 2000 年的国际货币为基准价计算。

高收入国家在公共农业 R&D 投资强度上逐渐加大，1991 年与 1981 年相比，农业 R&D 公共支出占农业 GDP 比增长了 43.8%，尽管全球其他地区表现出相反的趋势，公共农业 R&D 投资强度有不同程度的下降，但全球范围来看，1991 年与 1981 年相比，公共农业 R&D 投资额占农业 GDP 的比重还是有所增长，为 7.14%；2000 年与 1991 年相比，高收入国家的投资强度只有小幅度提高，全球的情况与 1991 年相比，反而有所下降，从 1991 年的 0.9 降到 2000 年的 0.84。

以总人口的人均农业 R&D 公共支出和农业劳动力的人均农业公共 R&D 支出表示的投资强度也揭示了一样的状况。发展中国家地区公共农业 R&D 投资强度较低，2000 年，发达国家以总人口的人均农业 R&D 公共支出和农业劳动力的人均农业公共 R&D 支出表示的投资强度分别是发展中国家的 5.6 倍和 87.3 倍（表 7-7）。

表 7-7 用不同指标表示的各地区的公共农业 R&D 投资强度 （单位：美元/人）

项目	总人口的人均农业 R&D 公共支出			农业劳动力的人均农业公共 R&D 支出		
	1981年	1991年	2000年	1981年	1991年	2000年
亚太地区	0.96	1.19	1.59	2.82	3.59	5.12
拉丁美洲和加勒比区	5.22	4.67	4.73	43.30	47.77	57.35
撒哈拉以南非洲	3.05	2.63	1.86	9.77	8.81	6.72
西非和北非地区	3.36	3.76	3.73	19.85	28.31	30.78
发展中国家小计	1.81	1.92	2.13	5.99	6.70	7.98
高收入国家	10.97	13.11	12.01	318.33	531.20	696.87
合计	3.55	3.80	3.65	14.12	15.74	15.95

数据来源：James et al.，2008。

注：投资强度是以 2000 年的国际货币为基准价计算而来。

(二)中国与金砖国家比较

金砖五国是指巴西、中国、俄罗斯、印度及南非,由于数据的可获得性原因,本小节没有对金砖五国之一即俄罗斯的农业R&D公共支出的情况进行分析。

(1)在投资的总额上,中国农业R&D公共投资额远远超过其他金砖国家。以2005年的购买力平价衡量的各国农业R&D公共投资的规模从大到小依次是中国、巴西、印度和南非,以2006年为例,中国农业R&D公共投资额分别是巴西1.69倍,2.11倍和6.40倍。从增长的幅度上,与2001年相比,2006年巴西、中国、印度和南非的农业R&D公共投资额分别增长了3.82%、43.15%、21.71%和11.46%(图7-2)。

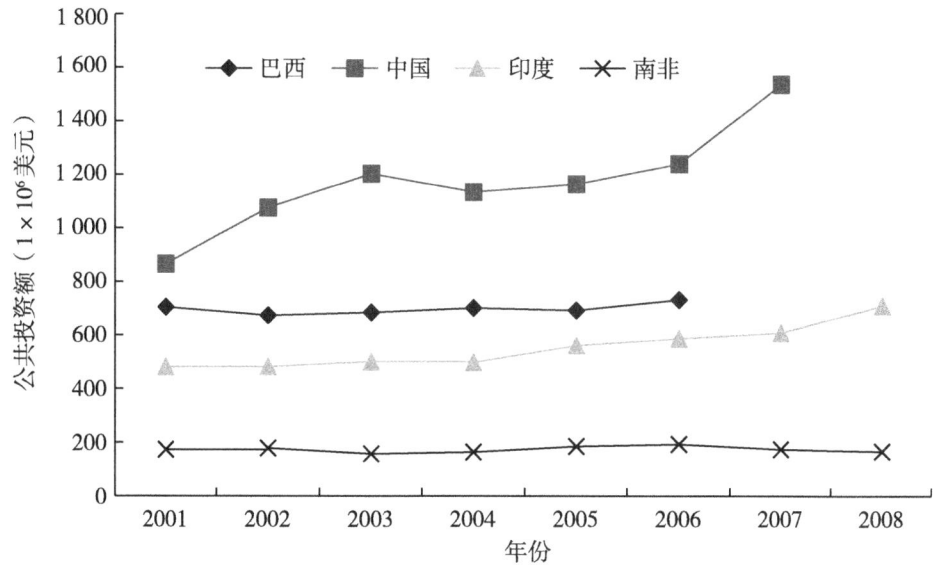

图7-2 金砖国家的农业R&D公共总投资

[数据来源:Agricultural Science and Technology Indicators(ASTI)data Tool 2012]

(2)在投资的稳定性上,金砖国家的农业R&D公共投资的稳定性都不容乐观。尤其是中国,农业R&D公共投资额的波动性非常大,2002年的环比增长率为24.21%,而2004年的投资额则相比上一年有明显的下降,降低了5.74%;南非、印度对应投资的稳定性也较差,南非2002—2008年的农业R&D公共投资的环比增长率在(-12%,14%)波动。巴西的农业R&D公共投资的稳定性相对来说较好,各年投资的环比增长率在(-5%,6%)(图7-3)。

(3)在投资的渠道和R&D人员的分布部门方面,农业R&D公共投资的对象和人员的部门分布都主要是政府部门。农业R&D公共投资的主要流向了政府部门,其支出占总投资的65%以上,而这当中,中国政府部门的支出比例最高,达到85.2%;其次是高等教育部门,各国所占的比重也有区别,其中印度的高等教育部门支出的比例最大,为34.9%,中国、巴西、南非这一比例在15%~18%;而非营利性部门的支出比例则非常少甚至没有为零。政府部门的农业公共研究人员占有绝对的主导地位,即便是最低的印度,也占 42.7%,最高的是巴西,政府机构研究人员的比例高达 81.2%;其次是高等教育部门的农业研究人员,非营利性机构的农业研究人员的比重非常小甚至没有(表 7-8)。

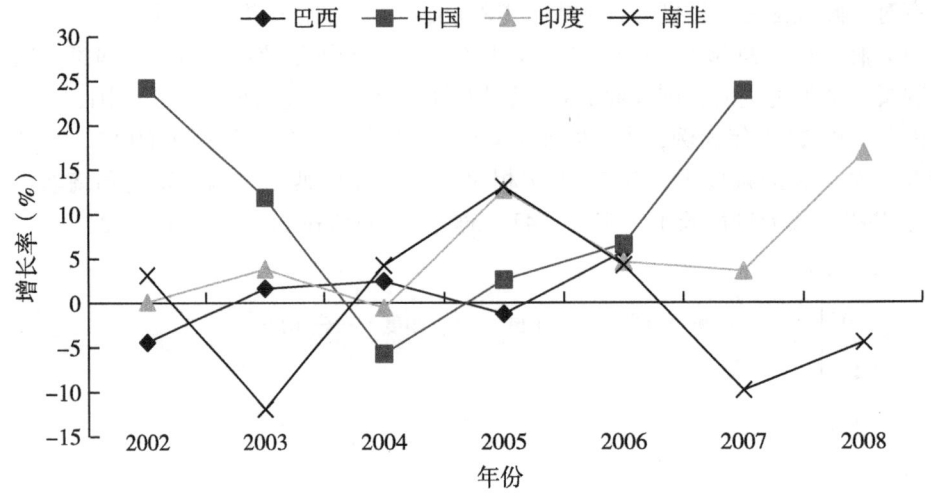

图 7-3 金砖国家农业 R&D 公共投资额的环比增长情况

[数据来源:Agricultural Science and Technology Indicators（ASTI）data Tool 2012]

表 7-8 金砖国家农业 R&D 公共投资的资金流向与人员的部门分布　　（单位:%）

农业 R&D 公共投资的资金流向	巴西	中国	印度	南非
政府部门支出的比例	80.3	85.2	65.1	74.3
高等教育部门支出比例	16.4	14.8	34.9	17.2
非营利性部门支出比例	3.3	0.0	0.0	8.5
农业 R&D 人员的部门分布	巴西	中国	印度	南非
政府机构研究人员的比例	81.2	78.7	42.7	74.8
高等教育机构研究人员的比例	17.2	21.3	57.3	17.3
非营利性机构研究人员的比例	1.66	0.0	0.0	7.9

数据来源:Agricultural Science and Technology Indicators（ASTI）data Tool 2012。

(4) 在投资的强度上,尽管我国在农业科研公共投资的规模上居金砖国家之首,但在农业科研公共投资的强度上,则显然不足。我国 2001—2007 年的平均农业科研公共投资强度只有 0.45,也即农业 R&D 公共支出占农业 GDP 的比重还不到 0.5%,只是略高于印度 0.37% 的水平,但比南非低 2.07 个百分点(表 7-9)。

表 7-9 金砖国家农业 R&D 公共投资强度和人均农业公共 R&D 支出　　（单位:%）

年份	农业 R&D 公共支出占农业 GDP 的比重				每个农业劳动力的农业 R&D 支出			
	巴西	中国	印度	南非	巴西	中国	印度	南非
2001	1.75	0.39	0.36	2.57	95.89	4.05	5.93	194.10

(续表)

年份	农业 R&D 公共支出占农业 GDP 的比重				每个农业劳动力的农业 R&D 支出			
	巴西	中国	印度	南非	巴西	中国	印度	南非
2002	1.47	0.46	0.38	2.16	92.37	5.02	5.86	203.51
2003	1.31	0.51	0.36	2.24	95.56	5.61	6.02	182.32
2004	1.37	0.41	0.37	2.50	98.89	5.29	5.91	194.26
2005	1.59	0.42	0.39	3.14	99.40	5.43	6.57	225.30
2006	1.66	0.44	0.38	2.88	107.19	5.80	6.78	240.98
2007	—	0.49	0.36	2.11	—	7.18	6.96	220.46
2008	—	—	0.40	2.02	—	—	8.04	215.92

数据来源：Agricultural Science and Technology Indicators (ASTI) data Tool 2012。

（5）在人均农业公共R&D支出上，农业劳动力的人均农业R&D公共支出从高到低分别是南非、巴西、印度和中国（表7-9）。以农业劳动力来衡量的人均农业R&D公共支出，各个国家之间相差较大。就2001—2006年人均农业R&D公共支出的平均值而言，南非、巴西、印度和中国分别为206.75美元、98.22美元、6.18美元和5.20美元。显然，我国的人均农业R&D公共支出还相当的匮乏。从在总人口的人均农业R&D公共支出上，中国仅仅略高于印度，就2006年来看，中国比印度高出0.69美元/人，但比巴西和南非分别少4.74美元和4.31美元。中国如果要达到同等级别的国家的水平，需要增加的农业R&D公共投资也非常巨大，更不用说与欧美发达国家比较。例如，达到巴西的同等水平，以13亿人口来算的话，需要增加的农业R&D公共投资额为61.49亿元。

（三）中国与其他新兴国家的比较

新兴国家中，本小节选取阿根廷、印度尼西亚、越南、墨西哥为例进行分析。与其他金砖国家相比较的结果一样，在农业R&D公共投资的总体规模上，中国具有绝对的优势，其规模远远高于其他国家，在2003年，中国农业R&D公共投资规模分别是阿根廷、印度尼西亚、越南、墨西哥的9.08倍、14.44倍、63.92倍和4.00倍。

在农业R&D公共投资的强度上来看，中国却低于这些新兴国家。中国的农业R&D公共支出占农业GDP的比重在2003年为最高，达到0.51%，这一数值低于同时期阿根廷0.83%的水平及墨西哥1.18%的水平。其他各年的同期相比阿根廷和墨西哥相差更大。在农业劳动力的人均农业R&D支出上，中国2004年为5.29美元/人，只是略高于同期的越南和印度尼西亚，同期的阿根廷和墨西哥分别比其高出198.01美元/人和51美元/人。在总人口的人均农业R&D支出上，2004年阿根廷和墨西哥分别是人均7.61美元和4.53美元，是中国同期的3.73倍和2.22倍。

四、国家级农业科研机构财政投入及其缺口分析

(一) 财政投入现状

(1) 财政投入总量。近 10 年间,国家对国家级农业科研机构的投入力度逐步加大,而且相比"十五"期间,"十一五"期间财政投入增长速度明显加快,有效地促进了国家级农业科研机构的发展。从总量上看,2010 年与 2001 年相比,财政拨款增长了 4.06 倍,财政拨款占"三院"总收入的比重增长了 18.06%,2009 年财政拨款占"三院"总收入比重高达 62.39%,已成为国家级农业科研机构经费收入的主要来源;从人均拨款量上看,以 2001 年为不变价,在扣除物价的影响后,人均财政拨款收入 2010 年比 2001 年增长 1.45 倍,从人均 2.77 万元/人增加到 6.79 万元(图 7-4)。

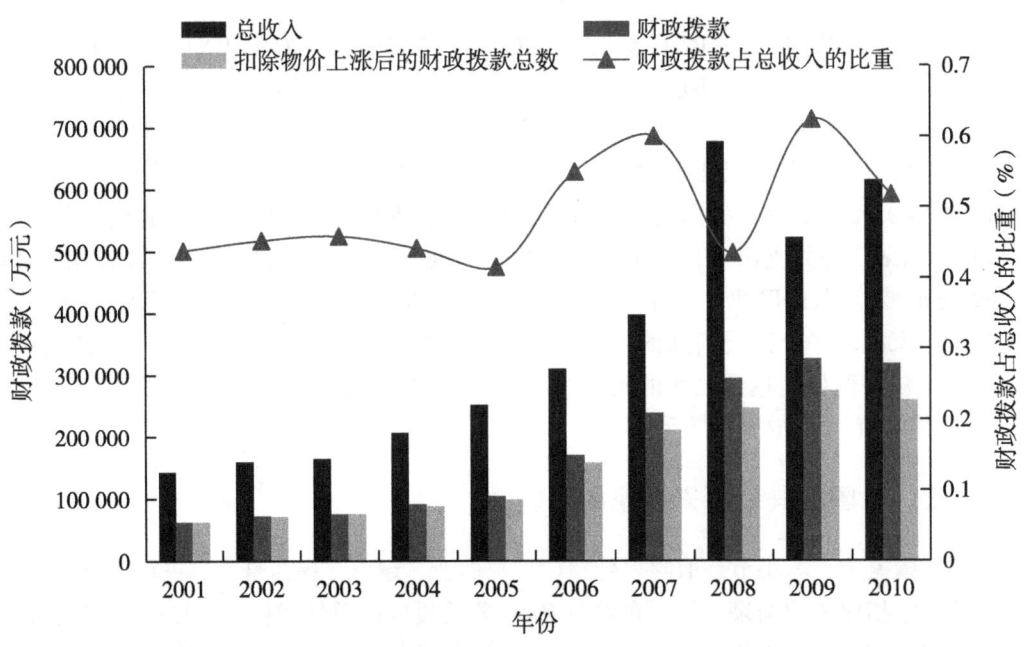

图 7-4 2001—2011 年国家级农业科研机构财政拨款总量

(2) 财政投入结构。按支出情况统计,分为基本支出和项目支出,自 2006 年起,项目支出取代了基本支出的主体地位,项目支出与基本支出(不含住房拨款)投入基本维持在 7.5∶2.5 的结构。这种投入结构致使科研机构处于"有钱打仗,无钱养兵"的尴尬境地。一是基本支出投入。2001—2010 年人员经费与公用经费的比例基本保持在 8∶2 的水平。2010 年与 2006 年相比,国家级农业科研机构基本支出财政拨款增长了 0.36 倍,其中,人员经费增长了 0.24 倍,日常公用经费增长了 1.08 倍。但就人均拨款情况来说,国家级农业科研机构"十一五"期间的基本支出人均财政拨款、人均人

员经费财政拨款及人均日常公用经费财政拨款分别只有 2.76 万元（图 7-5）、2.23 万元、0.53 万元。二是项目支出投入。近年来这项支出呈大幅度增长的趋势。2006—2009 年项目支出财政投入总量逐年递增，这 4 年的年平均增长速度达到了将近 30%，但 2010 年项目支出财政投入与 2009 年相比，有小幅度的下降。从项目支出构成上看，国家科技投入项目包括科技三项费用、农业支出、科学支出、自然科学基金、科技专项以及其他。以 2005 年为例，国家科技投入的项目各部分的比重从大到小依次是科技专项、科学支出、科技 3 项经费、农业支出、自然科学基金及其他（图 7-6），分别为 41.1%、36.836%、14.307%、3.997%、2.817% 和 0.943%。

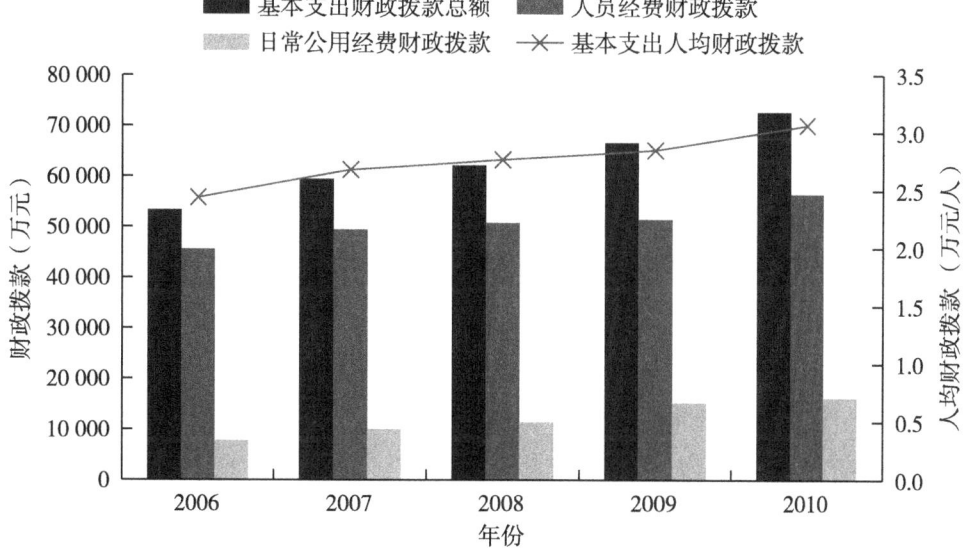

图 7-5 "十一五"时期国家级农业科研机构基本支出的变化

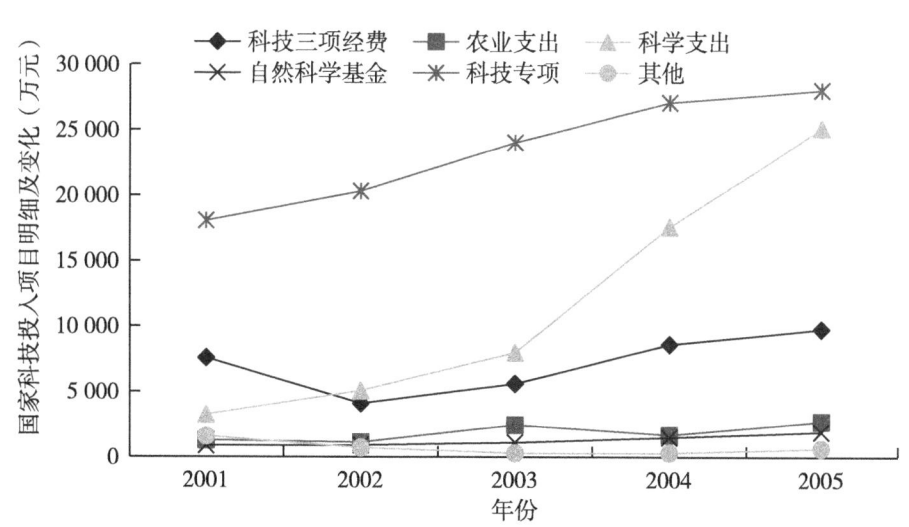

图 7-6 "十五"期间国家级农业科研机构的国家科技投入项目明细及变化

（3）不同性质的农业科研机构的财政投入比较。2002年，根据科技部、财政部和中央编办联合发布的《关于农业部等九个部门所属科研机构改革方案的批复》（国科发政字〔2002〕365号）的文件精神，对"三院"及其下属单位按照非营利性科研机构、拟转企科研机构、转为业务类事业单位及进入高校4种方式进行分类改革。到2010年，国家级农业科研机构中共有非营利性科研机构30家（占47.62%）、拟转企科研机构22家（34.92%）和农业事业单位11家（17.46%）。由于改革的分类不同，3种类型科研机构在中央财政的投入方面差距日益加大。政府财政拨款是非营利性科研机构、农业事业单位收入的主要来源，拟转企科研机构的财政拨款收入有所下降，在2010年，拟转企科研机构的自创收入首次超过政府财政拨款收入，成为其收入的主要来源。在人均财政拨款额上，不同性质的农业科研机构的人均财政拨款差距较大，如2008年，非营利性科研机构的人均财政拨款额比农业事业单位高出12.7万元，尽管2009年、2010年的差距在变小，但差距依然很大，2010年为6.06万元（表7-10）。

表7-10 不同性质的农业科研机构财政投入经费比较

年份	财政拨款占总收入的比重（%）			人均财政拨款（万元）		
	非营利性科研机构	拟转企科研机构	农业事业单位	非营利性科研机构	拟转企科研机构	农业事业单位
2008	0.57	0.54	0.66	21.43	10.57	8.73
2009	0.65	0.51	0.68	15.86	10.51	10.24
2010	0.53	0.44	0.63	15.62	9.33	9.56

（二）财政投入缺口

（1）财政总投入缺口（图7-7）。国家级农业科研机构财政拨款占国家财政科技拨

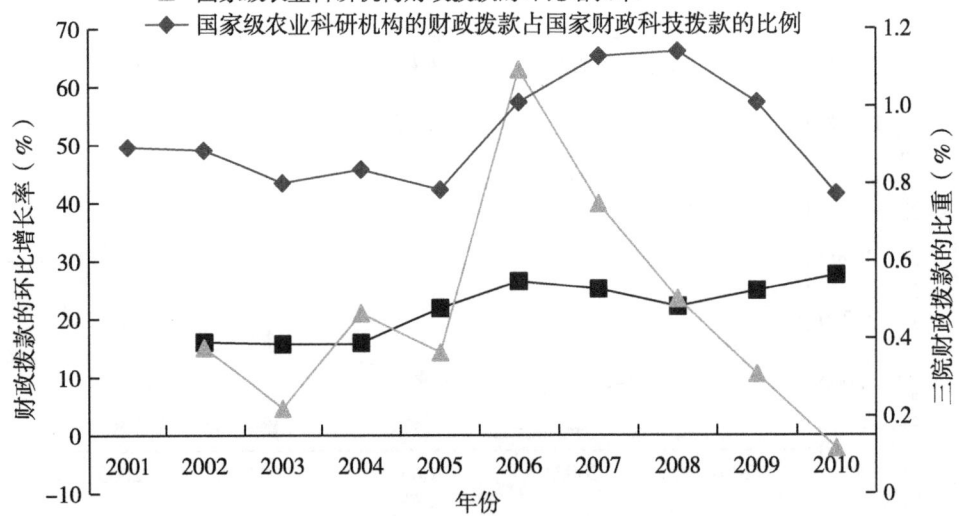

图7-7 国家级农业科研机构财政总拨款的增长变化

款的比例较低，而且支持的稳定性不够。在 2001 年—2010 年有较大的波动，最高时为 2008 年，达到 1.14%，最低的年份出现在 2010 年，仅占 0.77%。以 2001—2010 年平均数分析，国家级农业科研机构的财政投入仅占国家财政科技拨款的 0.926 5%，远远低于国家对其他行业科研机构的财政投入。同时，国家级农业科研机构财政拨款的增长率不稳定，时高时低，和国家财政科技总额的环比增长率在稳定中增长的趋势不同步。在 2002—2010 年 9 年间，有 5 年的环比增长增长率都小于国家财政科技总额的环比增长率。这显然与这些年来国家要加大对农业的科技投资的要求相差甚远。

（2）基本支出财政拨款缺口。一是基本支出缺口。在"十一五"期间，国家级农业科研机构的基本支出缺口呈现逐年拉大的情况，2006 年国家级农业科研机构的人均基本支出只有 2.44 万元，到 2010 年缺口将近翻了一番。与其他研究机构相比，人均基本支出也存在很大的缺口，早在 2003 年，中国科学院和中国社会科学院的人均财政拨入基本支出经费分别达到了 6.8 万元和 5.2 万元。二是人员经费缺口。2010 年与 2006 年相比，人员经费缺口增长了 2 倍，人均人员经费的缺口也从 2006 年的 1.28 万元增加到 2010 年的 3.54 万元，在扣除物价的影响外，人均经费的缺口也还是在增长的。三是日常公用经费缺口。2010 年与 2006 年相比，人均日常公用经费缺口从 2006 年的 3.86 万元增加到 5.83 万元，扣除物价的影响外，2010 年的人均日常公用经费刚到 5 万元，远远低于中国科学院的水平。而在缺口的总量上，国家级农业科研机构的日常公用经费缺口 2010 年比 2006 年增长了 63.95%（表 7-11）。

表 7-11 2006—2010 年国家级农业科研机构基本支出财政投入缺口 （单位：万元）

年份	基本支出缺口		人员经费缺口		日常公用经费缺口	
	总额	人均	总额	人均	总额	人均
2006	112 367.6	5.141 504	27 978.71	1.280 197	84 388.87	3.861 307
2007	123 231.8	5.558 996	42 731.65	1.927 628	80 500.17	3.631 368
2008	157 421.2	7.007 088	65 861.49	2.931 607	91 559.74	4.075 480
2009	174 010.2	7.440 467	78 765.62	3.367 923	95 244.58	4.072 544
2010	222 240.5	9.369 725	83 887.74	3.536 732	138 352.80	5.832 995

（3）项目支出财政拨款缺口。在项目支出财政拨款总的缺口上，除 2006 年项目支出财政拨款有余额外，其他各年份的项目支出财政拨款都小于实际的项目支出额，而且这个差距在 2009 年和 2010 年不断扩大。人均的项目支出缺口在 2010 年达到了 4.2 万元左右（表 7-12）。

表 7-12 "十一五"国家级农业科研机构项目支出财政拨款缺口情况 （单位：万元）

年份	项目支出财政拨款	实际项目支出	总项目支出缺口	人均项目支出缺口
2006	109 157.6	48 036.11	-61 121.49	-2.796 680
2007	171 595.7	199 174.55	27 578.85	1.244 086

(续表)

年份	项目支出财政拨款	实际项目支出	总项目支出缺口	人均项目支出缺口
2008	202 217.2	208 208.27	5 991.07	0.266 671
2009	236 330.3	314 982.31	78 652.01	3.363 066
2010	220 347.8	319 563.60	99 215.80	4.182 967

(三) 科研经费投入缺口

（1）科研人员经费需求与供给的缺口。以笔者2012年7月对中国农业科学院农业经济与发展研究所（以下简称农经所）60名科研人员的经费需求的问卷调查统计，我们发现农经所科研骨干年度平均经费需求为29.97万元，而且不同职称的科研人员的经费也有不同，其中，研究员/教授、副研究员、助理研究员的年度经费需求分别为48.56万元、27.81万元、11.49万元。而实际上，以2010年为例，政府对国家级农业科研机构科研人员的年度经费支持（=R&D经费中的政府资金/R&D总人数）平均只有25.9万元/（人·年），与实际的也相差了4.07万元/（人·年）。

（2）R&D经费支出中政府资金缺口。在2001—2010年的各年中，人均R&D经费内部支出和R&D人员的人均政府拨款都表现出先增长、后下降，然后又上涨的过程。两者始终存在很大的差距，两者的平均差距达到6.38万元/人，2002年时为最大，达到9.65万元/人（图7-8）。

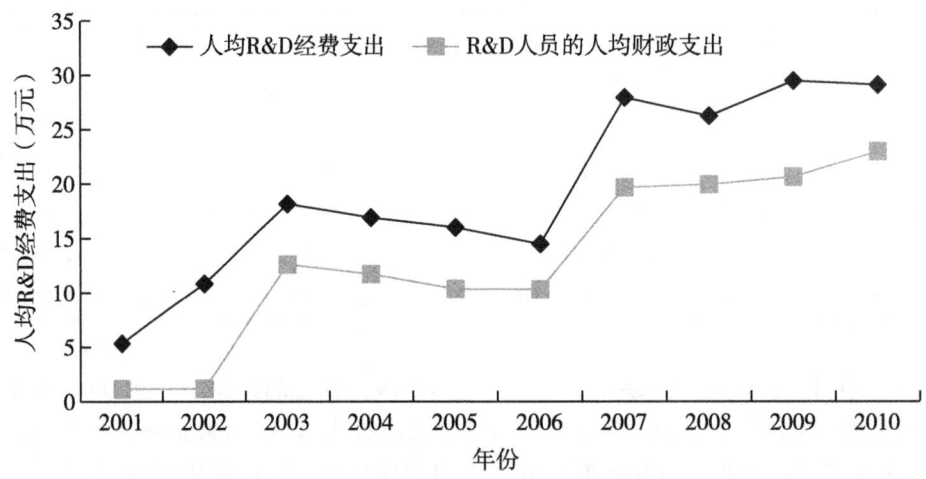

图7-8 国家级农业科研机构人均R&D经费支出

注：人均R&D经费内部支出和人均财政支出都是以2001年的物价为不变价进行折算后的额度。人均R&D经费内部支出=R&D经费内部支出/R&D全时人员，人均财政支出=R&D经费内部支出的政府资金/R&D全时人员。

（3）与其他机构相比的R&D经费缺口。为增加可比性，本研究选取"十一五"时期同级别的中国科学院和全国中央部门属机构、国家级农业科研机构进行比较。在人均

R&D 经费内部支出上，国家级农业科研机构各年的人均 R&D 经费内部支出小于全国中央部门属机构，中国科学院最高，"十一五"时期平均值分别为 29.85 万元/（人·年）、39.28 万元/（人·年）和 45.82 万元/（人·年）；在政府对 R&D 经费的支持力度上，国家级农业科研机构得到的支持最弱，"十一五"时期的平均值从低到高分别是国家级农业科研机构 73.35%、中国科学院 82.64%、全国中央部门属机构为 84.72%；在基础研究投入经费上，国家级农业科研机构的基础研究经费只占 R&D 经费的 9.73%，比全国中央部门属机构的比例 11.27% 低 1.54 个百分点，比中国科学院相差更大，差距达 25.55 个百分点（图 7-9）。

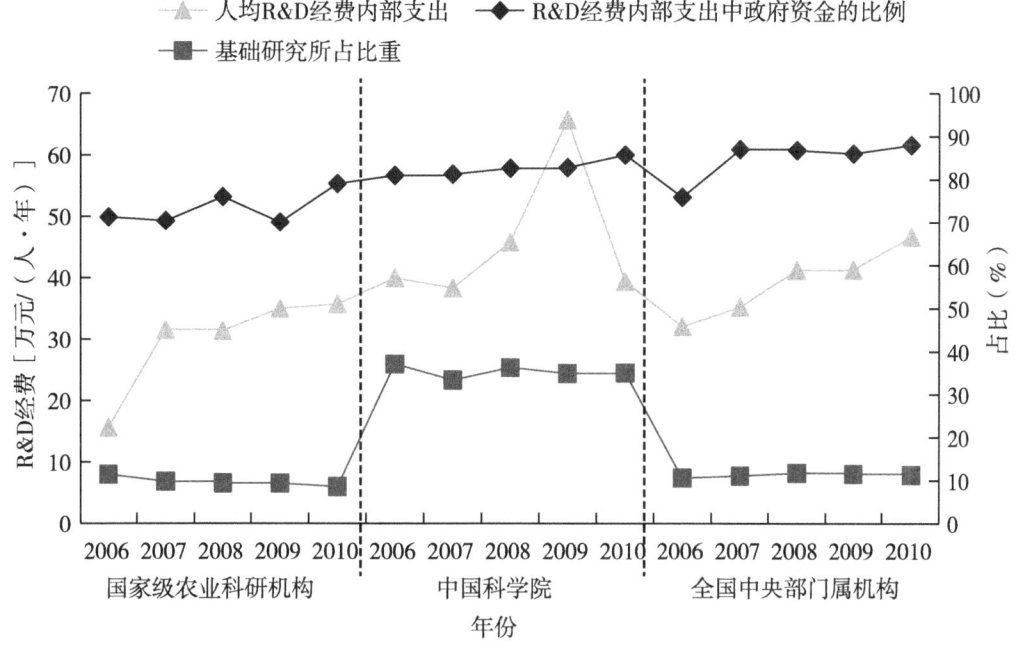

图 7-9 国家级农业科研机构 R&D 经费的比较

（4）科研课题经费缺口。与中国科学院及全国中央部门属机构相比，农业科研课题研究经费不管是在总量上，还是在人均经费上，都明显不足。以 2010 年为例，国家级农业科研机构的科研课题数只占所有中央部门属科研机构课题数的 10.4%，中国科学院则占 55.1%；国家级农业科研机构和中国科学院的投入经费占总的中央部门属科研机构投入经费的比例分别为 2.86% 和 21.23%；国家级农业科研机构人均课题经费为 27.87 万元，而在同期，中央部门属的人均课题经费高出国家级农业科研单位 3.4 万元，与中国科学院相比，也比其少 6 700 元/(人·年)。

（5）国家科技计划投资的缺口。2001—2010 年，国家级农业科研机构所获得自然基金、支撑计划、973 计划及农业科技成果转化的资金尽管各年都有较为明显的增长，但各投资项目资金在总的全国资金比重中只占有非常小的一个比例，除了 2003 年农业科技成果转化资金占全国农业科技成果转化资金的比重陡然上升超过了农业 GDP 占总 GDP 所占的比重外，其他的比例都低于农业 GDP 在总 GDP 中所占的比重（图 7-10）。

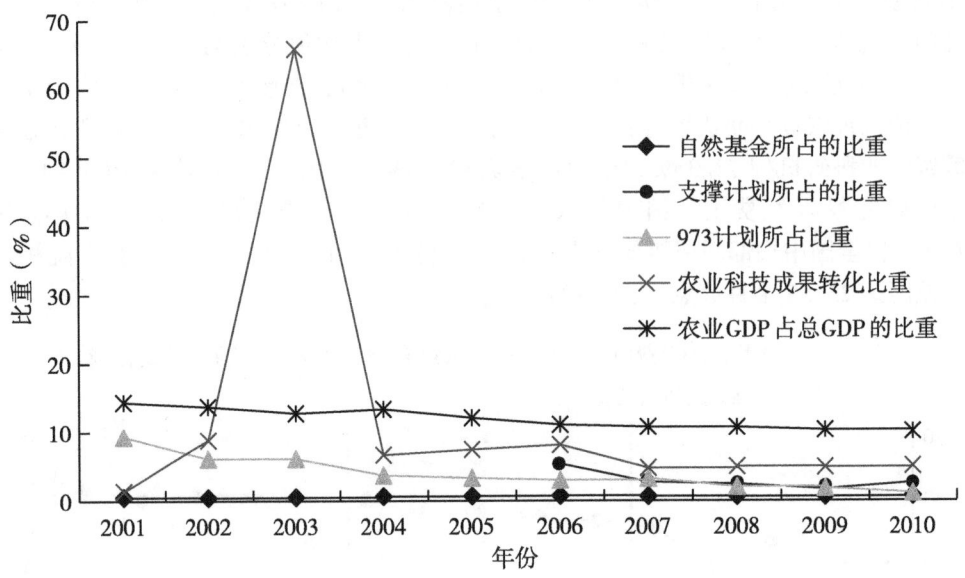

图7-10 农业的科技计划投资各项目在全国科技计划总投资的比重

五、公共农业R&D投资的建议

(一) 优化公共农业R&D投入结构，优化投入方向

一是，优化财政投入结构，提高基本支出的比例。改变科研机构目前"有钱打仗，无钱养兵"的尴尬境地，对修缮购置、基本科研业务费、运转费之类的项目继续加大投入，并实行长期稳定支持。二是，加强对拟转制科研机构和转为业务类事业单位的经费支持。拟转企科研机构和转为业务类事业单位获得的国家扶持力度明显偏小，近几年新增的基本科研业务费、公益性行业专项经费、现代农业产业技术体系专项等资金只安排了非营利性科研机构，建议加强对拟转制科研机构和农业事业单位的稳定投入，允许这些单位与非营利科研机构同等条件申请基本科研业务费、现代农业产业技术体系专项等项目，尽快解决单位间发展的不均衡状况。三是，公共农业R&D投资应加强对林、牧、渔业的投资。目前，公共农业R&D投资主要关注农业，农、林、牧、渔服务业这两大行业，投资额占公共农业R&D总投资的比将近80%。同时，在各行业内部，资金的分配也存在诸多的不足。因此，在使公共农业R&D投资资金适当地向林、牧、渔业倾斜的同时，更需要根据国情和国家长期发展规划有重点地扶持某些行业。

(二) 提高公共农业R&D投资强度，确保公共农业R&D投资的稳定性

尽管我国农业R&D公共投资总额在不断增加，但以投资强度衡量的投资水平却一

直处于世界较低水平，同时，投资的波动性非常大，环比增长率时高时低，时正时负，这严重影响了农业 R&D 的长期规划和战略性研究，也制约了农业科研效率的提高。因此，应采取切实可行的措施，缩小我国公共农业 R&D 投资水平与其他国家的差距，并确保投资的稳定性。根据财政的总量缺口、各组成部分的缺口情况，建议：保证对国家级农业科研机构的财政拨款稳定增长，并且增长率不得小于国家财政科技总额的增长率；减少人均 R&D 经费内部支出与 R&D 人员的人均政府拨款的差距，保证 R&D 人员人均政府拨款额度增长的幅度大于人均 R&D 经费内部支出的增长幅度；保证国家级农业科研机构所获得自然基金、支撑计划、973 计划等各投资项目资金在总的全国资金的比重不低于农业 GDP 在总 GDP 中所占的比重；进一步缩小国家级农业科研机构的人均日常公用经费、人均人员经费与中国科学院的差距，缩小人均 R&D 经费内部支出、政府对 R&D 经费投入、基础研究的投入经费、科研课题经费与中国科学院、全国中央部门属机构的差距。

（三）农业 R&D 投资应鼓励私人部门进入

鼓励民间资本进入农业 R&D 投资领域。长期以来，政府投资一直是我国农业 R&D 投资的主体。James et al. (2008) 的研究指出，私人农业 R&D 投资增加是一个世界性趋势，但我国私人部门大幅度增加农业 R&D 投资的可能性受到局限。张勇等 (2011)、娄振华 (2012) 的研究表明，公共投资与私人投资具有很强的互补性，建议在实行农业科研机构企业化转制后，政府仍必须大幅度增加农业 R&D 投资，以吸引私人农业 R&D 投资的增加。同时，在税收、补贴与保护政策上进行适当倾斜，鼓励民间资本开展更多的农业 R&D 活动。

参考文献

丁晨芳，高明杰，2007. 农业科技进步研究综述 [J]. 科技进步与对策，24 (11)：213-216.

范静，2008. 中央级农业科研机构如何优化财政资金投入结构 [J]. 农业科研经济管理 (4)：9-11.

高养杰，2009. 中央级农业科研机构财政投入有关问题探讨 [J]. 农业科研经济管理 (2)：2-5.

侯向娟，易中懿，张宗毅，2012. 中央级农业科研单位经费需求与保障初探 [J]. 中国农学通报，28 (5)：149-154.

刘振虎，钮一成，2010. 中央级农业科研单位修购专项经费投入与执行成效简述 [J]. 农业科研经济管理 (4)：20-22.

娄振华，2012. 改革开放以来我国公共投资和私人投资关系动态演进的研究 [D]. 天津：南开大学.

农业科研机构科学事业费基本支出投入情况课题组，2006. 国家级农业科研机构科学事业费基本支出状况及分析 [J]. 农业科研经济管理 (1): 9-11.

詹吉英, 顾孟迪, 李干琼, 2005. 发达国家农业科技发展比较研究及对我国的启示 [J]. 安徽农业科学, 33 (11): 2178-2180.

张晓泉, 赵闫, 程梅, 2011. 中央级农业科研机构财政投入分析研究 [J]. 中国农机化 (6): 29-32.

张勇, 古明明, 2011. 公共投资能否带动私人投资: 对中国公共投资政策的再评价 [J]. 世界经济 (2): 119-134.

JAMES J S, PARDEY P G, ALSTON J M, 2008. Agricultural R&D policy: a tragedy of the international commons [J]. Agribusiness, 4: 1-8.

ROBERT E, LUCAS J R, 1988. On the mechanics of economic development [J]. Journal of Monetary Economics, 22 (1): 3-42.

第八章 省（区、市）际农业科研机构科研效率及其影响因素研究

一、引 言

经济发展方式转变的阶段性规律告诉我们，依靠要素投入驱动的传统经济增长方式难以持续。2005年以来，包括土地、劳动力在内的农业生产成本持续攀升，我国农业发展面临主要农产品比较优势逐渐弱化甚至丧失、农业产业国际竞争力弱势进一步凸显、农业发展抵御国际市场风险和不确定的压力持续加码等"卡脖子"难题。当前，我国经济正进入总体转型的发展阶段，经济增长方式正在"要素驱动型"转向依靠技术进步提升产业的"创新驱动型"转变，创新成为经济社会发展的内在动力。在农业领域中，农业科技创新是突破传统增长模式的"天花板"，推动农业经济增长的"轮子"持续滚动的核心"引擎"。

但是，迄今为止，我国农业科技成果转化率低、转化科技成果的普及率低、农业科技贡献率低、农业资源利用率低、农业科技综合实力差（人们常说的"四低一差"）的现状依然存在（许朗，2009）。农业科技创新体系当中的科研力量布局不合理，科研条块分割、力量分散、研究重复，科研机构隶属关系多，领导体制复杂、农业科研立项缺乏市场导向、科技成果鉴定评判标准忽视了市场的作用等问题（王益慧 等，2008）依然非常普遍。这些问题的存在对科技创新能力及创新效率的提高起到了阻碍作用。尽管农业科技的直接投入指标和产出指标均呈上升趋势，但我国1990—2006年的农业科技资金的效率和资金规模效率整体上则呈下降趋势（陈建伟，2010），2006年，将近一半地区的农业科研机构的创新效率低下，存在投入冗余或产出不足（许朗，2009）。因此，如何进一步发展提高我国农业科技创新能力的许多问题还值得我们进一步的探讨。

多年来，我国有许多理论工作者关注，开展了农业科技创新效率及其影响因素的研究，并取得了比较丰富的研究成果。农业科研机构的创新效率会由于其所属产业、所属层级而表现不同，种植业机构的效率明显要高于其他行业（申红芳，2006）。张静（2011）用非参数DEA的曼奎斯特（Malmquist）指数法，对1990—2008年中国农业科技创新效率进行了测算，并对2006—2008年中国除西藏之外的30个省、直辖市和自治区的农业科技创新效率进行了区域比较。研究发现：从区域上看，多数位于中东部地区农业科技创新效率较高，西部地区的农业科技创新水平（青海和宁夏除外）效率较低；

从 1990—2008 年，中国农业科技创新效率处于适度增长的态势，年平均增长率为 3%；从影响因素角度来看，科技市场发育程度、全社会科研人员素质、农业经营规模和组织程度对农业科技创新效率的提高具有显著正向影响。陈建伟（2010）在建立农业科技创新投入产出指标体系和创新效率测算模型的基础上，利用 1990—2009 年的相关数据，对我国 1990—2006 年的农业科技创新效率进行了测算分析。结果表明：我国农业科技资金的实际效率呈波动变化特点，农业科技人员的实际效率呈稳步提高趋势，农业科技创新综合实际效率整体上也呈逐步提高趋势，农业科技创新前沿效率呈波动提高趋势。而在农业科技创新供给主体层次上，研究与开发机构、企业和高等学校的农业科技活动经费投入整体上均呈增加态势，但结构发生了明显变化，由研究与开发机构占绝对优势转变为研究与开发机构和企业不相上下的格局；在农、林、牧、渔业层次上，行业间结构变化较小，仍以种植业为主，农、林、牧、渔业科技活动经费配置结构与其对农业 GDP 的贡献存在偏差。

总体来看，尽管学者就农业科研效率及其影响因素进行了有一些探索，但鲜有研究从人力资源配置的角度，对农业科研效率尤其是农业科研机构的科研效率进行研究。因此，本章以我国农业科研机构为研究对象，应用农业部科技教育司《全国农业科技统计资料汇编》（1986—2010）中的相关数据，在定量评价我国省（区、市）际农业科研机构的科研效率的基础上，从农业科研机构人力资源配置的视角，构建模型分析管理人员比例对我国农业科研机构科研效率的影响，进而提出促进农业科研机构管理人员比例优化配置，提高科研效率的对策和途径。

二、农业科研机构管理人员配置现状

（一）管理人员配置的动态变化

管理人员比例用科技管理人员数占总的从业人员数的比重来衡量。我国 1986—2010 年管理人员比例的动态变化情况，如图 8-1 所示。我国农业科研机构从业人员总数在"七五"时期处于高峰，平均为 12.9 万人，在"八五""九五"时期逐渐下降的趋势，在"九五"时期末时分别下降到 9.7 万人、年平均降幅为 2.48%；"十五""十一五"时期以平稳的速度上升，平均增速约为 2.6%，在"十一五"末时又基本与"九五"初期持平；在科技管理人员及其比例的变化上，1986 年，科技管理人员的总数为 2.8 万人，占总从业人员的比重为 21%，在总量上和比例上均处于历史的最高位，在 1987 年两者都有显著的下降，分别降为 9 681 人和 7.47%。在此之后的其他各年份，科技管理人员总量和其占总从业人员的比重都基本保持平稳，科技管理人员总量平均为 1.1 万人，其占比在 7.5%~11.5%，平均为 10.2%。

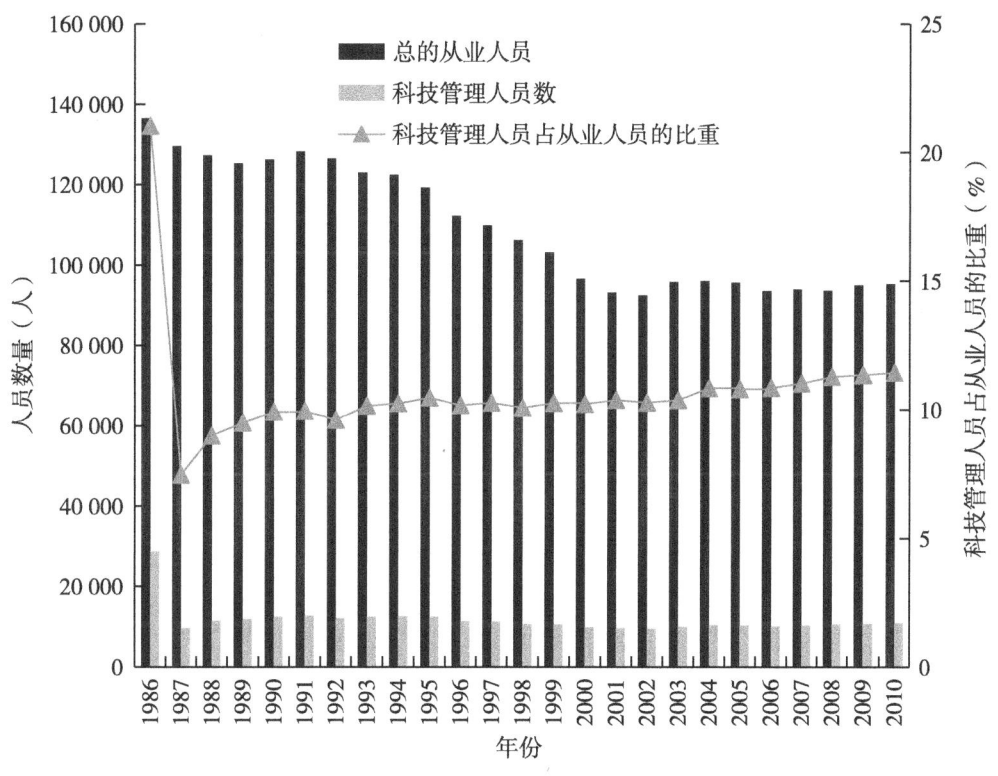

图 8-1 管理人员比例的动态特征

(二) 管理人员配置的区域、行业、层级特征

以 2010 年的数据为例,对我国农业科研机构管理人员配置的区域、行业、层级特征进行比较分析,具体情况如图 8-2 所示。

(1) 管理人员比例的区域比较。总从业人员数和科技管理人员数,都是东部大于中部,中部大于西部;但科技管理人员占从业人员的比重以西部最高,为 13.17%,中部次之,为 10.87%,东部最低,为 10.45%。

(2) 管理人员比例的行业比较。在行业上,种植业的总从业人员数、科技管理人数都分别显著的大于其他行业,在行业中所占的比重分别达到 67.30% 和 69.57%;总从业人员最少的是农机化业,其在行业中的比重为 6.87%,科技管理人数最少的是农垦业,其在行业中所占的比重只有 5.86%;科技管理人员占从业人员的比重最高的是渔业,最低是农垦业,分别为 14% 和 8.63%。

(3) 管理人员比例的层级比较。在层级上,省(区)属的总的从业人员数、科技管理人数都最多,基本上相当于农业部属和地市属的数量之和,其中,地市属的数量又高于农业部属的数量。科技管理人员占总从业人员的比重的层级差异不大。

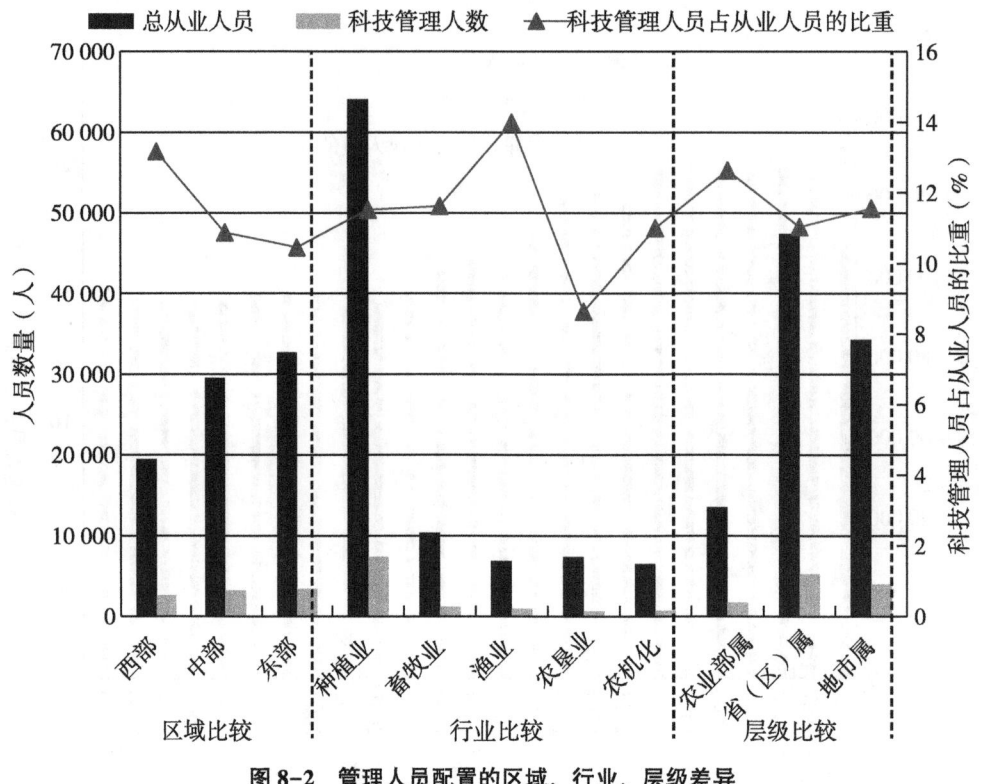

图 8-2 管理人员配置的区域、行业、层级差异

三、农业科研机构投入产出效率评价的研究设计

(一) 投入产出效率评价的 DEA 模型

以往对投入产出效率的研究方法主要有指标法、SFA（随机前沿方法）、DEA（数据包络分析）方法。指标法是科技投入效益评价一种最为基本的方法，从"成本—收益"的角度出发，但它忽略了对科技投入与产出之间具体关系的考虑，也没有试图构造或"寻找"生产前沿面，而只关注在给定科技投入的情况下，科研活动的产出情况如何。而 SFA 方法，虽然可以清楚地看到投入与产出之间的关系，并在计算出效率值后，可以方便地对其影响因素进行分析。但是，它无法对规模效率进行衡量，而且在处理多产出的情况时有一定的局限性。而 DEA 方法同时可以计算技术效率和规模效率，而且在处理多输出和多输入的有效性评价方面具有绝对优势。因此，鉴于农业科研机构的科研投入产出都是多元的情况，本书采用 DEA 方法对效率进行评价。

DEA 方法的原理主要是通过保持决策单元（DMU）的输入或输出不变，将各个决策单元投影到生产前沿面上，并通过比较决策单元偏离前沿面的程度来评价它们是否有效。CCR 模型是 DEA 方法中最基本的模型，是单目标线性规划模型，它假设小的 DMU 可以通过增加投入等比例地扩大产出，也就是说决策单元的规模不影响其效率，用 CCR 模型计算出的 DMU 的技术效率是包含规模效率的技术效率（简称 TE）。Cooper 的 CCR 模型如下：

$$\begin{cases} \max h_{j0} = \dfrac{\sum_{r=1}^{s} u_r y_{rj0}}{\sum_{i=1}^{m} v_i x_{ij0}} \\ s.t. \ \dfrac{\sum_{r=1}^{s} u_r y_{rj}}{\sum_{i=1}^{m} v_i x_{ij}} \leqslant 1, j = 1, 2, \cdots n \\ v = (v_1, v_2, \cdots v_m)^{\mathrm{T}} \geqslant 0, u = (u_1, u_2, \cdots u_s)^{\mathrm{T}} \geqslant 0 \end{cases} \quad (8.1)$$

式中：h_{j0} 为第 j_0 个决策单元的效率；x_{ij0} 为 j_0 单元第 i 种资源的输入量；y_{rj0} 为 j_0 单元第 r 种资源的输出量；v_i 为对第 i 种输入资源的一种度量（权系数）；u_r 为对第 r 种输出资源的一种度量（权系数）。

一般来说，h_{j0} 越大表明该决策单元能够用相对较少的投入取得相对较多的产出。这样如果我们对 $DMUj$ 进行评价，看其在 n 个 DMU 中相对来说是不是最优的，就可以考察当尽可能地变化权重系数 u 和 v 时，h_{j0} 的最大值是多少。其具体线性规模模型如下：

$$\begin{cases} \min h_{j0} = \theta \\ \sum_{j=1}^{n} \lambda_j x_j + s^- = \theta x_0 \\ \sum_{j=1}^{n} \lambda_j y_j - s^+ = y_0 \\ \lambda_j \geqslant 0, j = 1, 2 \cdots n \\ s^- \geqslant 0, s^+ \geqslant 0 \end{cases} \quad (8.2)$$

在对农业科研机构的效率进行评价时，该模型中的松弛变量 s^- 是表示某种投入的过剩量，即投入冗余量；松弛变量 s^+ 是表示某种产出的不足量。决策单元规模收益的情况是通过 λ_j 来判断的。若最优解为 λ_j^*，使得 $\sum_{j=1}^{n} \lambda_j^* = 1$，则该决策单元为规模收益不变；若 $\sum_{j=1}^{n} \lambda_j^* < 1$，则该决策单元为规模收益递增；若 $\sum_{j=1}^{n} \lambda_j^* > 1$，则该决策单元为规模收益递减。

（二）科研投入产出效率评价指标体系

考虑到农业科研机构科研评价系统的复杂性及数据的可获得性，按照指标体系构建的原则，在参考众多国际科研评价惯例及大量专家学者研究的基础上，选取以下的投入产出指标来构建科研效率的评价指标体系（表8-1）。

表8-1 农业科研机构科研效率评价指标体系

指标类别	因素	指标名称
投入指标	人力	从事科技活动人员总计
	物力	本年度内部科技活动支出
	财力	基本建设投资实际完成额
产出指标	产出的潜在能力	发表科技论文数
		出版科技著作
		有效发明专利数
	产出的现实能力	技术性收入

（1）科研投入指标。在科研投入指标方面，科研投入主要包括人力和财力的投入。

从人力投入因素上看，农业科研机构的人力资源是农业科研产出中最重要的投入要素。而在农业科研机构的人力资源中，又以科技活动人员为核心，其在增加科研产出方面具有比其他类型的人力资源更直接的作用。本书选取农业科研机构的科技活动人员数指标来反映人员投入的情况，是农业科研机构科研产出方面最重要的投入指标之一。

从财力投入因素上看，财力投入无疑是科研产出最基本的要素，科研机构对人员的财力投入情况和对科研基础条件的财力投入情况等都会影响科研机构的产出。科研机构人员的工资待遇等情况会影响科研人员工作的积极性及高层次人才的引进，进而直接影响科研产出。科研机构的 R&D 基本建设支出，如科研设备、器具、工具等则是最重要的科研条件建设投入，对科研产出有着更为直接的影响。因此，在财力的投入上，本书选取年度内部科技活动支出总额及 R&D 经费内部支出中的基本建设投入这 2 个指标。

（2）科研产出指标。在科研产出指标方面，科技活动的产出主要采用以下形式：学术论著（包括学术期刊论文及学术专著）、科技论著、专利和技术性收入等。本书从产出的学术性角度、技术性角度及经济性角度来选取产出指标。

从学术性的角度来看，论文与专著是衡量科研机构学术水平的重要指标，论文和专著已经逐渐成为各国对科研机构、高等院校、学术领域的实力和贡献进行评价的重要指标。

从技术性的角度来看，专利是对知识产权的测度，同时，申请专利的发明创造由国家知识产权向社会公布，使人类 90% 以上最新技术情报在世界范围内广泛传播，有利于新技术推广应用和新产品贸易。因此，农业科研机构的有效发明专利数是反映机构科研产出的重要指标。

从经济性的角度来看，是否有足够的科技经费用作科研活动直接决定了产出的规模和质量，而在科研机构的经费收入中，非政府资金收入（Non-Government funds）这部分资金的使用灵活性更大，尤其是对于科技经费匮乏的地方级机构，对于刺激科技人员的工作积极性作用尤为显著。由于数据的限制，本项目选取科研机构非政府收入当中的技术性收入为代表，来衡量产出的经济性。

（三）数据来源

按照统计局网站上的划分标准，本小节将全国31个省（区、市）数据划分为东部地区、中部地区和西部地区。其中，西部地区为陕西、甘肃、青海、宁夏、新疆、四川、重庆、云南、贵州、西藏10个地区；中部地区包括山西、内蒙古、吉林、黑龙江、安徽、江西、河南、湖北、湖南9个地区；东部地区则包括辽宁、北京、天津、河北、山东、江苏、上海、浙江、福建、广东、广西、海南12个地区。本研究中的31个省（区、市）的农业科研机构投入产出数据均来源于1999—2010年的农业部科技教育司编著的《全国农业科技统计资料汇编》。在1999年之前，有些投入产出的指标衡量口径与往后不一样，为了保证研究的准确性，选取1999年为研究的起点。

（四）科研投入产出的描述性分析

（1）从投入上来看，总的来说，我国农业科研机构的科研投入有了很大幅度的增加。科技活动支出逐年增加，从1999年的17.28亿元增加到2009年的82.46亿元，增长了3.77倍，以1999年为基础点，在扣除物价上涨的因素后，2009年与1999年相比，也增长了将近3倍；科技活动的人员数在2002年以前逐年下降，1999年、2000年、2001年、2002年分别为52 825人、48 668人、48 116人、47 481人，2003年后开始逐年增加，到2006年又重新恢复到1999年的水平，2009年各省（区、市）农业科研机构的科技活动人员数量增加为55 696人，因此，总的来说，2009年与1999年相比，科技活动人员的规模保持较为稳定的状态；R&D经费内部支出中的基本建设费在2006年有较大的下降，在这之后，则迅速增长，从2006年的2.56亿元增加到2009年的42.49亿元。

（2）从产出上看，我国农业科研机构的产出呈在波动中上升的趋势，但增长较为缓慢。相比其他产出的情况，科技论文发表数量增长较快，增长了50%左右；出版的科技著作没有太大的变化，1999年为477部，2009年为645部，平均每年只增加了16.8部；有效发明的专利数，1999年为最高的年份，2000年陡然下降到最低点，尽管随后的几年有一定增长，但到2009年也没有达到1999年1 637项的水平；在技术性收入上，增长较为缓慢，年均增长率仅为5.6%，在扣除物价的上涨因素后，2009年各省（区、市）农业科研机构的技术性收入之和为83.43亿元，年均增长率仅为3%左右。

综上分析，1999—2009年，各省（区、市）农业科研机构的总的科研投入在不断增加，而且增加幅度较大，其中科技活动支出更是增长了将近4倍，但是，与科研投入的增长速度相比，产出的增长则显得微乎其微，远远低于投入的增长幅度。

四、省（区、市）际农业科研机构科研效率及其比较

本书采用 DEAP 2.1 软件对 1999—2010 年各年全国农业科研机构的总体效率、1999—2010 年全国各个省（区、市）的科研效率进行了比较。

（一）区域科研效率状况及比较

1999—2010 年各年东、中、西部以及全国的农业科研机构的科研效率情况，如表 8-2 所示。近 10 年，全国的农业科研效率平均约为 0.8，各年的效率值变化不大，其中，按照区域来看，东部高于西部，中部最低。就各地区内部的变化情况来看，东部的科研效率波动较大，2010 年为最高达到了约 0.91，最低只有约 0.62；各年的波动最小的为中部，基本上约在 0.67~0.83 波动，平均值约为 0.77。

表 8-2　1999—2010 年的全国及各区域农业科研机构科研效率

年份	西部	中部	东部	全国
1999	0.805 1	0.774 333	0.869 083	0.820 936
2000	0.826 9	0.827 444	0.828 833	0.827 807
2001	0.693 2	0.806 333	0.690 250	0.724 903
2002	0.780 4	0.765 333	0.617 833	0.713 097
2003	0.748 4	0.665 444	0.848 917	0.763 226
2004	0.840 1	0.809 111	0.716 667	0.783 323
2005	0.747 4	0.741 333	0.903 500	0.806 065
2006	0.792 3	0.791 222	0.882 500	0.826 903
2007	0.894 4	0.813 444	0.883 417	0.866 645
2008	0.910 1	0.774 333	0.873 250	0.856 419
2009	0.826 0	0.740 556	0.853 917	0.812 000
2010	0.796 9	0.717 444	0.911 250	0.818 097
均值	0.803 2	0.771 434	0.820 500	0.800 675

（二）省（区、市）科研效率状况及比较

全国各省（区、市）在 1999—2010 年各年的科研效率及各省（区、市）的平均科研效率，如表 8-3 所示。除了天津市近十年的农业科研效率值为 1 有效外，其他省（区、市）的平均科研效率都小于 1，总体来说是非常有效的。1999—2010 年，各省（区、市）农业科研机构平均科研效率排名前 6 位的依次是天津、青海、山东、浙江、安徽、江苏，平均科研效率都在 0.9 以上；而科研效率最低的 3 个省（区、市）的平

均科研效率分别为内蒙古、广西、云南,平均的科研效率在 0.6 以下,最高的是最低的 2 倍左右。这说明,我国各省(区、市)的农业科研机构的效率还存在显著的差异。而从科研效率的内部波动情况上看,各年科研效率最为平稳的依次是天津、青海、山东、浙江、黑龙江,科研效率的标准差分别为 0、0.059 8、0.070 8、0.082 3、0.098 1,标准差都小于 0.1;而波动最大的则依次为北京、海南、河北、西藏、福建,科研效率的标准差都高于 0.2,最高达到了 0.3。

表 8-3　各省(区、市)的 1999—2010 年各年及平均科研效率

省(区、市)	年份												
	1999	2000	2001	2002	2003	2004	2005	2006	2007	2008	2009	2010	平均
北京	1.000	0.270	1.000	0.342	1.000	0.319	1.000	1.000	1.000	1.000	0.789	0.853	0.798
天津	1.000	1.000	1.000	1.000	1.000	1.000	1.000	1.000	1.000	1.000	1.000	1.000	1.000
河北	1.000	1.000	0.240	0.331	0.916	0.458	1.000	1.000	1.000	0.892	1.000	0.803	0.803
山西	0.748	0.723	0.904	0.349	0.488	0.417	0.593	0.607	1.000	0.665	0.805	0.812	0.676
内蒙古	0.529	0.414	0.606	1.000	0.461	0.800	0.517	0.395	0.437	0.452	0.243	0.229	0.507
辽宁	0.519	0.402	0.519	0.481	0.618	0.838	0.876	0.651	0.678	0.642	0.561	0.762	0.629
吉林	1.000	0.621	1.000	0.836	0.821	0.365	0.425	0.850	0.601	0.641	0.663	0.490	0.693
黑龙江	0.868	1.000	0.791	0.779	0.736	0.700	0.919	0.893	1.000	0.924	0.922	0.917	0.871
上海	0.846	1.000	0.848	0.973	0.811	0.337	0.851	0.647	0.651	0.600	0.665	0.745	0.748
江苏	0.896	0.894	0.951	0.660	0.794	1.000	0.757	1.000	1.000	1.000	1.000	1.000	0.913
浙江	1.000	0.961	0.794	1.000	0.872	0.790	0.994	0.875	0.991	0.980	1.000	1.000	0.938
安徽	0.819	1.000	1.000	1.000	0.787	1.000	0.673	0.964	0.883	1.000	0.787	1.000	0.909
福建	1.000	1.000	0.395	0.487	0.886	0.618	1.000	1.000	0.884	0.970	1.000	1.000	0.853
江西	0.504	1.000	1.000	1.000	0.552	1.000	0.981	0.792	0.625	0.747	0.658	0.745	0.800
山东	1.000	1.000	1.000	0.801	1.000	0.834	0.925	1.000	1.000	0.961	1.000	1.000	0.960
河南	1.000	1.000	0.504	0.496	1.000	1.000	1.000	1.000	1.000	1.000	1.000	0.702	0.892
湖北	0.680	0.780	1.000	0.603	0.507	1.000	0.739	0.753	0.867	0.823	0.920	0.909	0.798
湖南	0.821	0.909	0.452	0.825	0.637	1.000	0.825	0.867	0.908	0.717	0.667	0.653	0.773
广东	0.997	1.000	0.565	0.528	0.708	1.000	1.000	0.844	0.865	0.850	0.751	1.000	0.842
广西	0.861	0.419	0.774	0.248	0.582	0.406	0.439	0.573	0.532	0.584	0.481	0.800	0.558
海南	0.310	1.000	0.197	0.563	1.000	1.000	1.000	1.000	1.000	1.000	1.000	0.972	0.837
重庆	0.777	1.000	1.000	1.000	0.847	1.000	0.892	0.908	0.939	0.791	0.679	0.531	0.864
四川	0.911	0.796	0.535	0.793	0.974	1.000	0.734	1.000	0.771	0.998	0.739	0.785	0.836

(续表)

省 (区、市)	年份												平均
	1999	2000	2001	2002	2003	2004	2005	2006	2007	2008	2009	2010	
贵州	1.000	1.000	1.000	0.531	0.593	0.839	0.898	0.889	0.897	0.871	1.000	1.000	0.877
云南	0.609	0.456	0.713	0.382	0.557	0.521	0.557	0.544	0.754	0.666	0.690	0.664	0.593
西藏	0.615	0.501	0.296	1.000	1.000	0.793	0.405	0.440	0.867	1.000	0.760	1.000	0.723
陕西	0.716	1.000	0.759	1.000	0.497	0.862	0.628	0.885	0.987	0.911	0.744	0.514	0.792
甘肃	1.000	1.000	0.297	0.731	0.889	1.000	0.717	0.721	1.000	1.000	1.000	0.850	0.850
青海	1.000	1.000	1.000	1.000	1.000	0.793	1.000	1.000	1.000	1.000	1.000	1.000	0.983
宁夏	0.726	0.721	0.771	0.909	0.529	1.000	1.000	0.912	1.000	1.000	1.000	1.000	0.881
新疆	0.697	0.795	0.561	0.458	0.598	0.593	0.643	0.624	0.729	0.864	0.648	0.625	0.653

五、人力资源配置状况对科研效率的影响分析

(一) 从人力资源配置视角研究科研效率的必要性

农业科研机构的人力资源作为农业科技创新的重要主体,其规模、质量、结构等各个维度都会对我国农业科技创新的效率产生影响（李国祥,1999）。有效地利用好中国农业科研机构的资源是加速农业技术创新、提高农业科技贡献率、促进农业科技革命、实施科技兴农战略的必然要求（赵瑞全,2006）。

改革开放以来,我国农业科研机构科技人力资源的建设取得巨大成就,尤其是农业科研机构人员的质量得到明显提升,2010年我国农业科研机构从业人员中具有研究生学历和中高等职称的比例分别达到了16.87%和41.79%。但目前我国农业科研机构的人力资源在配置结构上还存在很多尚需解决的问题,如农业科研机构科研人员相对不足、科技人员在农业各行业、各地区中的分布不均衡等。尤其是近年来在农业科技体制改革更加注重科研效率的背景下,为科研人员服务的管理人员的比例问题一再受到政府及专家的高度重视。一方面,一定比例的管理人员是保证农业科研机构有效开展科研工作、促进科研效率提高的必不可少的要素;另一方面,过高的管理人员比例又会增加科研机构的行政化程度,一定程度上削弱科研的人力投入力度。因此,如何实现人力资源的优化配置,尤其是管理人员比例的优化,促进科研效率的提高,已成为农业科研机构迫切需要解决的问题。

那么,农业科研机构管理人员占总从业人员比例为多少时才可以实现科研效率的最高呢?尽管学者就人力资源配置的结构问题进行过一些研究,但大都只是一些描述性分析,如谭宗颖（2005）研究了国外科研机构及学会的管理人员岗位配置问题,发现在

研究开发人员与技术支撑人员的比例上,法国科研中心和德国弗朗霍夫学会为1:1左右,韩国科学技术研究院为2:1,日本理化研究所为4:1,而欧洲主要国家每位研究者均配有1名以上研究辅助人员;在科研人员、技术人员、管理人员三者的比例上,如将管理人员视为1,德国马普学会1993年科学家(含主任)、技术人员、管理人员三者的比例为3:3.7:1;2000年的这一比例为2.7:3:1。但是,以上比例是否合理,是否实现了最佳的科研效率,仍是有待解决的问题。受数据可获得性等原因的影响,还鲜有研究从管理人员比例的视角来探析农业科研机构科研效率的问题。

(二) 研究假设的提出

农业科研机构管理人员的比例是反映其人力资源配置结构的一个重要变量。在科管人员、研究人员、科研效率之间的相互关系中,以研究为主线,相互依存,相互影响。一方面,管理人员是农业科研机构人力资源必不可少的组成部分,在管理人员比例较低时,增加其比例,可以通过管理人员对研究人员的组织作用、督查作用、调理作用来提高科研人员的科研效率(曾芳玲 等,1997)。①从组织作用角度,任何一项研究从构思、设计、查询、实验、结果验证到应用推广,鉴定评奖,自始至终都离不开科管人员的有效组织;②从督查作用角度,科管人员的督查有利于研究活动顺利进行、早出成果;③从调理作用角度,科研人员在进行研究活动中,会遇到难以预料的困难及各方面的干扰,这需要科管人员进行调理,包括研究人员之间、研究人员与其他人员之间、硬件软件的协调。但是,另一方面,当管理人员达到一定的比例后,如果再增加管理人员,则势必会削弱科研力量,增加科研机构的行政力度,降低管理效率,进而导致科研效率的降低。因此,在科研管理人员的配置比例上,如果配置得当,有利于科研发展,配置不当,可以使科研陷入被动甚至逆境。鉴于此,本小节提出以下的研究假设。

研究假设:随着管理人员比例的增加,科研效率表现为先增加后下降的趋势,两者表现为倒"U"形的关系。

(三) 科研效率影响因素分析的 Tobit 模型

由于农业科研机构的效率值(被解释变量)的取值有一定约束,是截尾的,其取值范围为大于0而不大于1,因此效率值只能以受限制的方式被观测到,此时若用普通最小二乘法对模型直接回归,则会产生参数的估计有偏且不一致的结果。因此,本书选择 Tobit 于1958年提出的 Tobit 模型来解决此问题。其基本结构如下:

$$y_i = \begin{cases} \beta^T X_i + e_i, \beta^T X_i + e_i > 0 \\ 0, \beta^T X_i + e_i \leq 0 \end{cases} \quad (8.3)$$

其中,X_i 为 ($k+1$) 维的解释变量向量,β^T 为 ($k+1$) 维的未知参数向量,e_i 服从正态分布 $N(0, \sigma^2)$。Tobit 模型的一个重要特征:解释变量 X_i 取实际观测值,而被解释变量 Y_i 只能以受限制的方式被观测到,当 $Y_i > 0$ 时,无限制,观测值均取实际观测值;当 $Y_i \leq 0$ 时,受限制,观测值均截取为0。用最大似然估计法估计上述 Tobit 模型时,β^T 和 σ^2 是一致估计量。

本研究选取的模型如下：

$$RE_{it} = \beta_0 + \beta_1 MR_{it} + \beta_2 MR^2_{it} + \beta_3 STR_{it} + \beta_4 GR_{it} + \beta_5 BRER_{it} + \beta_6 GFR_{it} + \varepsilon_{it} \, 。 \tag{8.4}$$

式中，i 为各省（区、市）单元；t 为 1999—2010 年；RE（因变量），为上一节中得到的各省（区、市）在 1999—2010 年的科研效率值；MR（解释变量），管理人员占总从业人员的比例；STR（控制变量），中高级职称人数占总从业人员的比例；GR，硕士博士学历人数占总从业人员的比例来衡量；$BRER$，基础研究投入强度，用基础研究经常费支出占 R&D 经费支出的比例来反映；GFR，科技经费投入的情况，用政府资金占经费收入的比重来表示。

（四）统计性描述

（1）各变量的描述性统计特征。如表 8-4 所示，我国农业科研机构每 100 个科技活动从业人员中，平均有科技管理人员 11 人，拥有研究生学历的人数有 7 个，35 个人具有中高级职称，科技活动的收入约 80% 的资金由政府支持，用于基础研究的科研经费只占到总研发经费的 3.8%。

表 8-4 各变量的描述性统计特征

变量说明	变量名	观测值数量	平均值	标准误	最小值	最大值
科研效率	RE	372	0.8016	0.211	0.197	1.000
管理人员比例	MR	372	0.111	0.027	0.022	0.222
研究生比例	GR	372	0.069	0.064	0.000	0.378
中高级职称比例	STR	372	0.351	0.115	0.070	0.824
政府资金投入比例	GFR	372	0.795	0.183	0.169	1.000
基础研究投入强度	BRER	372	0.038	0.065	0.000	0.801

（2）管理人员比例与科研效率关系的统计分析。将 31 个省（区、市）1999—2010 年的 372 个样本按照科研管理人员占总从业人员的比例从低到高等份分别分成 3 组和 6 组，并对各组的平均科研效率进行统计结果，如图 8-3 所示。从图 8-3 中可以看出，不管是将分为 3 组还是 6 组，平均的科研效率都表现为先上升后下降的一个趋势。这就说明，科技管理人员的比例有一个最优的配置比例，大于这个比例或是小于这个比例时，科研效率都不是最高的。

（3）不同区域管理人员比例与科研效率的关系（表 8-5）。另外，从区域的角度来考察管理人员比例与科研效率的关系，也得到了与上面一致的结论：管理人员比例最低的中部地区科研效率较低，管理人员比例处于中间的东部地区的科研效率则是最高的。

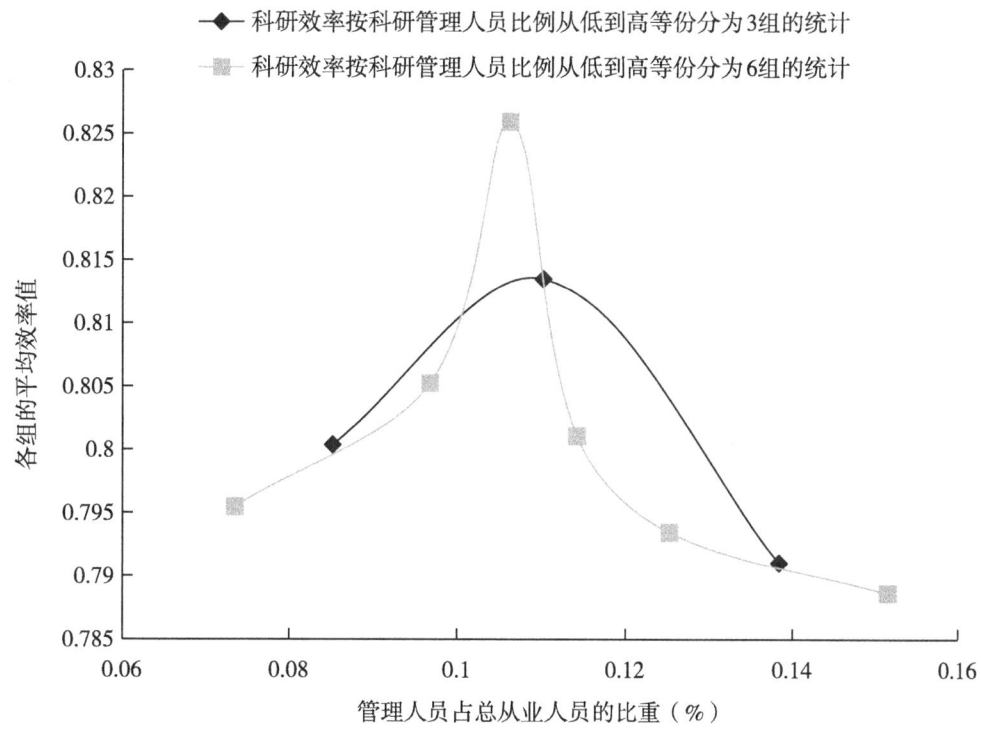

图 8-3 科研效率按管理人员比例的分组统计

表 8-5 1999—2010 年各区域平均科研效率与管理人员比例的情况

区域	平均科研效率	管理人员比例（%）
东部	0.821	0.107
中部	0.771	0.106
西部	0.803	0.121

（五）回归结果

（1）全国情况。利用全国的数据进行回归后的结果如表 8-6 所示。不管在模型 1 中还是在模型 2 中，MR 的系数在 5% 的水平上显著为正，MR2 的系数在 5% 的水平上显著为负。这就说明随着科研管理人员比例的增加，科研效率表现为先增加后下降，两者的关系为"倒 U"形。具体而言，在只包含人力资源配置相关变量的模型中，科研管理人员的最优配置比例为 7.995%，在此比例时，科研效率达到最大。而目前全国平均的科研管理人员比例为 11.1%，这就说明，就全国总的情况来说，管理人员的配备比例较高，造成了科研效率的损失，要想提高农业科研机构的效率，需减少管理人员的数量或是增加总的从事科技活动人员的规模。

表 8-6 管理人员比例对科研效率影响的回归结果（全国）

变量名	模型 1		模型 2	
	系数	标准误	系数	标准误
MR	3.745**	2.932	5.231**	2.941
MR^2	−23.42**	11.831	−27.704**	11.784
GR	1.139***	0.332	1.074***	0.328
STR	0.218	0.211	0.301	0.210
GFR			−0.294***	0.097
$BRER$			−0.211	0.243
_cons	0.604***	0.160	0.713***	0.162
/sigma	0.286	0.014	0.282	0.014
$LR\ chi^2$	25.01***		34.82***	
$Prob > chi^2$	0.0001		0.0000	
obs	372		left-censored obs	0
uncensored obs	242		right-censored obs	130

注：MR^2 是 MR 的平方。

（2）各区域情况。分区域的回归结果如表 8-7 所示。同样，分别对各区域进行回归后，所得到的结果与全国的相似，但在具体的数值上稍有区别。就管理人员的最优配置比例而言，东部为 6.3%，中部为 11.06%，西部为 13.20%。这就说明，东部地区管理人员的工作效率是最高的，100 个从业人员中只需配 6 个管理人员，西部最低，为达到同样的科研效率，需要配备的管理人员是东部的 2 倍多。

表 8-7 管理人员比例对科研效率影响的回归结果（分区域）

变量名	东部		中部		西部	
	模型 1	模型 2	模型 1	模型 2	模型 1	模型 2
	Coef (std)	Coef (std)	Coef (std)	Coef (std)	Coef (std)	Coef (std)
MR	1.958	3.350	24.922**	24.095**	12.242	12.311
	(3.899)	(3.864)	(10.055)	(9.881)	(10.487)	(10.420)
MR^2	−20.824*	−26.394*	−111.415**	−108.548**	−45.712	−46.596
	(15.464)	(−1.720)	(42.301)	(41.706)	(41.412)	(41.246)
GR	1.223**	1.418**	2.013**	2.089**	−0.003	0.007
	(0.526)	(0.522)	(0.835)	(0.820)	(0.799)	(0.831)
STR	0.583*	0.642*	−1.387**	−1.157**	0.540	0.468
	(0.341)	(0.335)	(0.511)	(0.529)	(0.343)	(0.346)
GFR		−0.424**		−0.228		0.220
		(0.149)		(0.192)*		(0.249)
$BRER$		0.082		−1.005		−0.574
		(0.417)		(0.592)		(0.376)

(续表)

变量名	东部		中部		西部	
	模型 1	模型 2	模型 1	模型 2	模型 1	模型 2
	Coef (std)	Coef (std)	Coef (std)	Coef (std)	Coef (std)	Coef (std)
_cons	0.649**	0.843***	-0.160	0.032	-0.124	-0.261
	(0.209)	(0.218)	(0.499)	(0.501)	(0.650)	(0.677)
/sigma	0.325	0.317	0.236	0.232	0.259	0.257
	(0.028)	(0.027)	(0.020)	(0.020)	(0.022)	(0.022)
$LR\ chi^2$	17.970***	26.670	19.300***	23.290***	7.290	10.220
$Prob > chi^2$	0.001	0.000	0.001	0.001	0.120	0.116
obs	144		108		120	
uncensored obs	82		80		80	
Right-censored obs	62		28		40	

注：保留小数点后3位，括号内数字表示系数的标准差，*** 表示在1%水平上显著，** 表示在5%水平上显著，* 表示在10%水平上显著。

六、优化人力资源配置提升科研效率的对策建议

我国农业科研机构的管理人员配置不管是在总量上还是占总从业人员的比例基本保持平稳，在区域、行业、层级上还存在较大的差异，管理人员的比例显著高于科研效率所需要的最优配置比例，造成了资源的浪费，科研效率的损失。为了保证农业科研机构人力资源更有效地促进科研效率的提高，建议采取以下举措。

(1) 确保农业科研机构科技活动人员尤其是课题活动人员的适度扩大。课题活动人员是从事科研活动的主体，是核心人力资源，农业科研机构现有的课题活动人员不管是在总量上还是其占总从业人员的比重都不算大，必须保证其总体规模的适度扩大。

(2) 改善管理人员配置的区域、行业不平衡状况。在确保科研效率的前提下，改变目前科技人力资源过度集中于种植业研究的现状，增加畜牧、渔业、农业机械等方面科研人员数量。根据管理人员在不同区域的配置效率，采取不同的优化策略，适度削减中部和西部地区省（区、市）管理人员的数量，减少由于管理人员比例过高而导致的科研效率损失。

(3) 调整内部人力资源结构，优化管理人员比例。根据人力资源的总量来规划支撑人员的数量，使得管理人员、科研人员及总的从业人员的数量实现最高效率的组合，研究支撑人员的数量在保证更好的服务科研人员的基础上，又不会过多地与核心人员抢占共有资源，同时给予科研人员更多的自主权。而在现阶段，我国农业科研机构需要增加核心研究人员的数量，严格控制管理人员和辅助性服务人员的比重。

参考文献

陈建伟, 2010. 我国农业科技创新效率研究 [D]. 保定：河北农业大学.

李国祥, 1999. 促进我国农业科技人力资源的有效配置 [J]. 科技导报（8）：52-54.

申红芳, 2006. 四川省农业科研机构技术创新能力研究 [D]. 雅安：四川农业大学.

谭宗颖, 2005-03-14. 国外科研机构与大学科技人员优化更新机制浅析 [EB/OL]. http://www.sciencenet.cn/html.

王益慧, 孙进昌, 2008. 我国农业科技创新体系建设的主要问题及对策 [J]. 科学与管理（4）：29-32.

许朗, 2009. 中国农业科研机构科技创新研究——能力、效率与模式 [D]. 南京：南京农业大学.

曾芳玲, 彭兴平, 1997. 论科研管理人员、研究人员、科研成果三者的关系 [J]. 广州医药（3）：71-72.

张静, 2011. 我国农业科技创新能力与效率研究——基于区域比较视角的研究 [D]. 杨凌：西北农林科技大学.

赵瑞全, 2006. 论中国农业科技人力资源的有效利用 [J]. 中国农学通报（2）：453-455.

TOBIN J, 1958. Estimation of relationships for limited dependent variables [J]. Econometrica, 26（1）：24-36.

第九章 我国涉农企业科技创新现状、影响因素与对策

一、引言

党的十八大报告指出,推动科技和经济紧密结合,加快建设国家创新体系,着力构建以企业为主体、市场为导向、产学研相结合的技术创新体系。2012年中央一号文件指出,农业科技是确保国家粮食安全的基础支撑,是突破资源环境约束的必然选择,是加快现代农业建设的决定力量。涉农企业科技创新的市场导向性、创新最终成果的易转化性、创新过程的高效性,以及涉农企业对科技资源使用的开放性决定了涉农企业成为科技创新的主体是一种必然趋势(王文昌 等,2006)。涉农企业是农业科技创新最富活力和生命力的组织,是农业科技成果产业化发展的生力军,不仅在应用型科技创新中有绝对优势,在一些基础型科技创新中也开始崭露头角。加强涉农企业创新能力建设,着力提升企业在农业科技创新中的地位(农业部,2013),发挥其农业科技核心引擎和关键支撑的作用(毛世平,2014),是发展涉农企业、振兴农村经济的战略突破口(杨金深,2004),其科技创新有利于提高农业综合生产能力、加快推进现代农业建设、增强涉农企业自身竞争力、使企业在竞争中立于不败之地(郭改英,2012)。同时,关乎中国粮食安全,关乎农业高质量发展,更关乎2035年中国进入创新型国家行列目标的实现。然而,在我国农业科技创新领域,无论是在科技经费的投入上,还是在科技创新的执行上,科研院所和高等院校一直居于绝对的主导地位。尽管近年来国家高度重视和强力支持涉农企业发展,出台了一系列支持其发展的政策举措,但是,涉农企业的发展并未如预期。新发展阶段下涉农企业创新能力不强的瓶颈反而日益突出,与其成为农业技术创新主体的目标要求尚存较大差距。

随着涉农企业在科技创新中地位的显著提升,国内越来越多的学者开始关注涉农企业科技创新的问题。但大部分研究多集中在宏观理论研究层面,对我国涉农企业科技创新现状(肖兰兰,2013;褚保金 等,2001)、创新模式与机制(李万君 等,2015;彭林魁,2005)、创新制约因素(黄洁莉 等,2014;崔海云 等,2013;杜金沛,2011)、提升创新能力的对策建议(陈奇榕 等,2002;王志丹 等,2013)等方面。大多采用定性的方法,较少有数据支持。微观层面的研究主要以龙头企业为对象对其开展农业科技创新的问题进行研究。其中,安华轩等(2004)通过对云南农业科技型龙头企业科技创新能力的分析,发现企业科技投入偏低且投入渠道单一、专业人才少、层次低成为制约涉农企业发展的重

要因素；苑鹏等（2008）运用187家龙头企业2006年度数据，探讨了现阶段龙头企业在农业科技创新中的基本作用，初步分析了龙头企业科技创新投入的特点；陈志强等（2012）以福建省农业产业化龙头企业为研究对象，采用DEA-Tobit两阶段法模型进行实证分析，对农业龙头企业的科技创新效率及其外部影响因素进行了研究，研究发现福建省农业产业化龙头企业的科技创新能力总体有待提高，企业所在地经济发展水平影响企业科技创新效率；韦文联等（2014）分析了安徽省农业产业化龙头企业的科技创新情况，发现科技创新已成为农业产业化转型升级的重要支撑力量，但还存在着农业科技人才紧缺、农业科技投入不足、科技创新能力不强和创新体系建设滞后等问题。

当前，我国农业发展进入新阶段，国家科技创新体系构建进程的加快为企业开展农业科技创新提供了良好的外部环境，涉农企业实力的显著增强及通过科技创新能获得竞争优势都使得企业成为农业科技创新主体成为可能。近年来，尽管学术界开始重视涉农企业科技创新的问题研究，但从中微观的视角，对涉农企业科技创新的基础条件、投入产出、创新模式及其影响因素等方面的实证研究则较少。那么，我国涉农企业科技创新的现状如何？何种因素影响企业成为农业科技创新主体及如何提升企业在农业科技创新中的地位等问题，是亟须通过研究来回答的科学命题。本书运用定量的方法对上述问题做出回答，进一步拓展了涉农企业科技创新的研究范围和研究视角。具体来说，本书以农副食品加工业、食品制造业、饮料制造业、烟草制造业、纺织业及木材加工及木、竹、藤、棕、草制造业6个涉农行业大中型企业为研究对象①，对我国涉农企业开展科技创新的现状及其影响因素进行研究，在此基础上提出提升涉农企业科技创新能力的政策建议。

二、涉农企业科技创新的现状分析

本书的研究数据来源于《中国科技统计年鉴》。在研究时段的选取方面，考虑到与本书相关的数据指标统计的连贯性问题，本书最终选取了较为完整的2000—2010年的数据②。从科技创新的基础条件、科技创新投入与产出、科技创新模式等维度对企业开

---

① 涉农企业范围广，基于产业链的视角涉农企业通常包括农资企业、农产品生产企业、农产品加工企业和农产品流通企业。考虑到涉农企业统计数据的可获得性和完整性，目前只有《中国科技统计年鉴》的数据基本能够满足研究需要；而《中国科技统计年鉴》中农副食品加工业、食品制造业、饮料制造业、烟草制造业、纺织业及木材加工及木、竹、藤、棕、草制造业6个涉农行业大中型企业是农业企业的重要组成部分，是农业科技创新的重要主体之一，本章选取这6个涉农行业大中型企业作为农业企业的代表，确定为本书的研究对象，具有一定的代表性和普遍性。因此，在本章中，涉农企业即指6个涉农行业大中型企业。

② 本章之所以没有选取2010年以后的数据，是因为2011年以前的《中国科技统计年鉴》统计企业的口径为大中型企业，大中型企业是指从业人员年平均人数在300人及以上、年主营业务收入在3 000万元及以上、资产总计在4 000万元及以上的法人企业。而2011年及以后的《中国科技统计年鉴》统计企业的口径为规模以上企业，规模以上企业是指主营业务收入为2 000万元及以上的法人企业。为保证统计口径的一致性，只选取2000—2010年的时间段。

展农业科技创新的现状进行分析。

(一) 基础条件分析

(1) 涉农企业中建立了科技研发机构的企业比重低,开展科技活动偏少。如图9-1所示,2000—2010年,6个涉农行业的大中型企业中,平均只有20.05%的企业建立了科技研发机构,其中,2000年为最高,4 542家涉农企业中有1 527家建立了科技研发机构,占比达到34%,以后的年份在17%~22%波动;6个涉农行业的大中型企业中,平均只有28.79%的企业开展科技活动并呈下降趋势,从2000年的33%下降到2010年19.34%;工业总产值中新产品工业产值的比重和主营业务收入中新产品收入的比重在2008年以前都处于10%以下的水平,到2009年超过10%,分别为11.63%和10.89%,2010年这两者的数值分别比全国企业的平均水平低5.79%和5.19%。

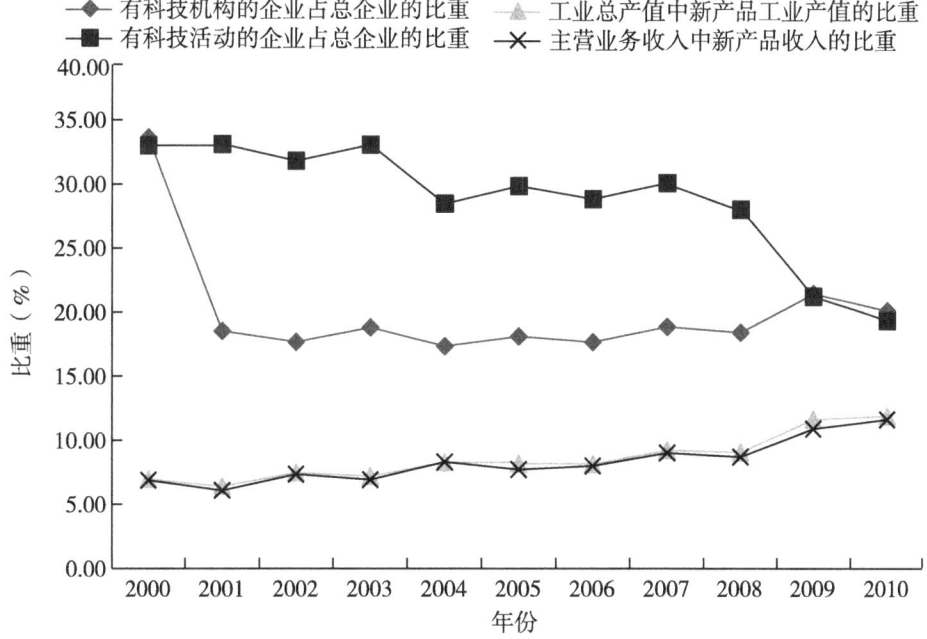

图9-1 2000—2010年涉农企业开展科技创新的基本状况

(2) 涉农企业开展科技创新的基础条件逐渐改善,但与其他行业存在较大差距,制约了其科技创新能力的提升。涉农企业开展科技创新的基础条件在逐渐改善,涉农大中型企业的科技机构经费总额、平均每个涉农企业科研机构的经费额以及开发新产品的经费投入在2005—2010年的年平均增长率分别为23.5%、11.7%和22.69%。但与全部企业的平均情况相比,涉农企业存在着科技研发机构数量不足、研发人员短缺、设备更新换代速度慢、机构人员素质不高等问题。以2010年为例,六大涉农行业大中型企业设立科技研发机构、机构人员、拥有博士和硕士学位的人员、仪器和设备原值在全部企业中的比重分别为11.2%、6.67%、5.01%和7.1%,都远低于涉农企业数占全部企业数的比重（16.34%）。这些基础性研发条件的不足，极大地制约了涉农企业科技创新能力的提高，更影响涉农企业未来的可持续发展。

（二）投入与产出分析

（1）涉农企业开展科技创新的资金投入不足，资金主要来源于企业自有资金，同时科技人员的配置比例明显偏低。如图9-2所示，在经费筹集的总额上，2001年达到最低点，往后逐年增加，在2007年达到峰值为289.23亿元，接下来又有所下降，2010年为236.86亿元；在经费来源上，主要有政府资金、金融机构贷款、企业自筹3个渠道；其中，企业自筹经费占有绝对主导地位，2000年以来一直在80%以上，并逐年增加，2001年达到96.04%。上级拨款、政府资金则只占很少的比重，2000年为最高，占经费总额的3.64%，随后呈下降趋势，到2009年、2010年分别占3.03%和2.34%。在科技人员投入上，涉农企业科技人员的配置比例明显偏低，基于2010年的数据分析发现，平均每个涉农企业科技研发机构的科研人员数仅为52.86人，低于全国企业科技研发机构的人员配置平均数量（88.83人）。

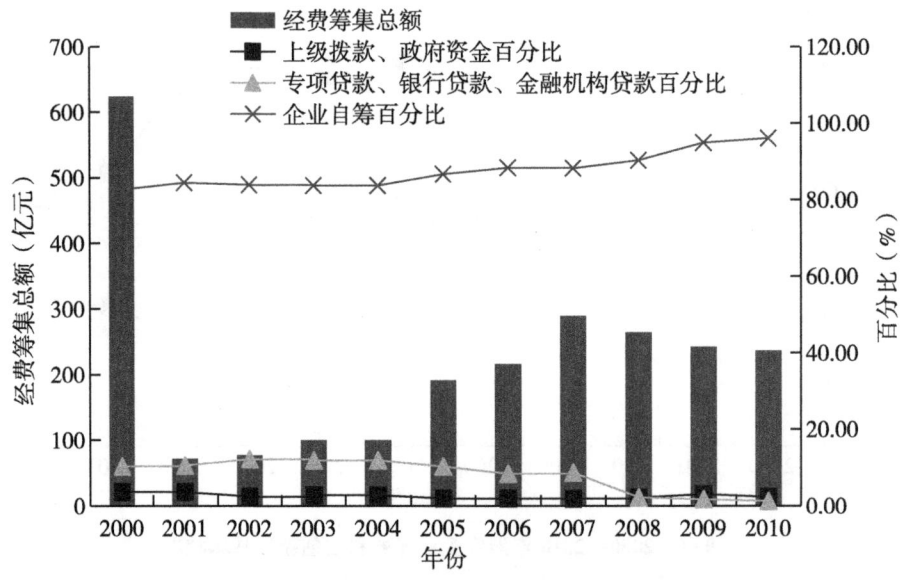

图9-2　2000—2010年涉农企业技术开发经费投入

（2）涉农企业科技创新产出不足，其发明专利数、有效发明专利数占专利申请数的比重远低于全部企业的平均水平。如表9-1所示，在专利方面，涉农企业申请的专利数量呈现出逐年增加的趋势，从2001年的1 707项增加到2010年的13 492项，年均增长率达到25.82%。但在专利申请中，获得发明专利的企业所占比较低，100个专利申请只有近18个获得发明专利。基于2010年的数据分析发现，涉农企业的发明专利数占专利申请数的比重仅为31.96%，低于全部企业的平均水平（36.46%）。这进一步说明我国涉农企业科技创新的产出不高。

表 9-1　2001—2010 年企业开展农业科技创新的产出情况　　（单位：项）

年份	专利申请数	专利申请—发明专利数	有效发明专利数
2001	1 707	276	612
2002	1 945	242	670
2003	2 144	443	931
2004	3 272	640	1 420
2005	3 531	519	1 607
2006	5 046	915	2 213
2007	7 688	1 082	1 947
2008	9 516	1 817	2 453
2009	11 534	2 693	2 822
2010	13 492	2 890	4 312

（三）技术创新模式分析

（1）涉农企业技术主要与农业高等院校和科研院所进行协同创新，选择独立技术创新模式的情况较少。基于 2010 年的数据分析发现，涉农企业 R&D 经费外部支出中对研究机构支出与对高校支出之比约为 1∶1，均占总 R&D 经费外部支出的 35% 左右，而企业独立开展科技创新经费支出不到 30%。这说明涉农企业开展科技创新时对高等院校和科研院所同等依赖，需高度依托高等院校与科研院所进行协同科技创新。目前，我国农业科技创新的主体仍然是农业高等院校和科研院所，涉农企业居于次要地位。

（2）涉农企业开展农业科技创新的模式主要是技术改造和技术引进。表 9-2 给出了涉农企业不同科技创新模式的经费支出情况。数据表明，涉农企业技术改造经费支出总额由 2000 年 103.81 亿元增加到 2010 年的 247.14 亿元，技术引进经费支出总额由 2000 年 33.72 亿元减少到 2010 年的 15.03 亿元，这两者在 4 种技术创新支出中占据前 2 位；2010 年技术改造经费支出总额和技术引进经费支出总额分别为 247.14 亿元和 15.03 亿元，分别占创新经费总支出的 87.69% 和 5.33%，这 2 种创新模式投入经费占总创新经费的 93.02%。这表明我国涉农企业开展科技创新主要选择了技术改造和技术引进的创新模式。用于消化吸收经费支出和购买国内技术的经费支出则分别由 2000 年 1.08 亿元和 2.52 亿元增加到 2010 年的 9.73 亿元和 9.93 亿元；这也表明我国涉农企业技术创新由技术引进与改造逐步向自主创新转变。

表 9-2　2000—2010 年涉农企业不同科技创新模式的经费支出　　（单位：亿元）

年份	技术改造经费支出	技术引进经费支出	消化吸收经费支出	购买国内技术经费支出
2000	103.81	33.72	1.08	2.52
2001	124.48	32.91	1.15	4.26

(续表)

年份	技术改造 经费支出	技术引进 经费支出	消化吸收 经费支出	购买国内技术 经费支出
2002	172.25	47.90	1.31	4.31
2003	192.74	53.55	1.47	5.43
2004	189.35	32.03	3.07	11.75
2005	174.71	14.57	2.54	7.37
2006	187.15	19.27	3.33	9.07
2007	231.60	26.87	8.15	8.78
2008	241.32	18.22	7.45	8.32
2009	235.09	15.38	9.78	11.53
2010	247.14	15.03	9.73	9.93

三、涉农企业科技创新影响因素的实证分析

涉农企业开展科技创新是一个不断循环积累的过程，创新投入、创新模式、创新（载体）基础条件等方面是影响企业开展科技创新的主要因素。涉农企业创新投入主要包括人力资源投入和资本投入。科技创新模式的不同体现出涉农企业开展科技创新能力的不同，创新模式的选择与企业的经济实力、人力资本基础、体制机制、经济社会环境等因素密切相关，并随企业的发展而逐步演进变化。创新载体是能够将企业的人力、资金、物质等创新资源合理配置，最终实现要素向农业科技成果和品牌转化活动的承载物。其中，政策环境、政府的扶持政策和农业科技体制改革等制度环境直接影响涉农企业开展科技创新活动。

（一）变量选取与数据定义

（1）因变量选取。衡量涉农企业科技创新产出的指标主要包括企业产值、专利申请量、发明专利申请授权量、技术市场成交合同数、技术市场成交合同金额等。但由于本研究着重分析农业科技创新情况，基于数据可获得的难易程度对指标选取的限制、指标代表性的强弱及统计数据的一致性、可得性和连续性的考虑，本研究选取涉农企业新产品的工业产值占工业总产值的比重来表示科技创新水平。通常情况下，企业开展科技创新的能力越强，新产品工业产值占总工业产值的比重越高。

（2）解释变量选取。本研究主要从涉农企业科技机构设置、科技活动人员情况、科技经费支出程度、政府对企业的支持程度、新产品开发经费支出情况及企业创新模式的选择等方面来分析涉农企业开展科技创新的影响因素。选取上述指标基于以下考虑：科技活动人员可代表科技人员投入的基本情况、科技经费支出能体现科技创新投入的力度和强度、新产品开发经费支出情况直接影响新产品工业产值、企业创新模式的选择影

响企业创新产出的效率、用政府对涉农企业的支持程度代表制度环境对涉农企业科技创新的影响。具体的变量解释如表9-3所示。

表9-3 涉农企业科技创新影响因素的变量选择

类别	符号	变量名称	变量解释
因变量	NPDV	新产品产值的比重	用新产品的工业产值/工业总产值衡量
解释变量	STI	有科技机构企业数的比重	用有科技机构的企业数/企业总数衡量
	STP	科技活动人员的比重	用科技活动人员数/年末从业人员数衡量
	GF	政府资金的比重	用上级拨款、政府资金/经费筹集总额衡量
	NPDE	新产品开发经费的比重	用开发新产品经费支出/科技活动经费内部支出总额衡量
	TRE	技术改造经费支出的比重	用技术改造经费支出/主营业务收入衡量
	ITE	技术引进经费支出的比重	用技术引进经费支出/主营业务收入衡量
	ADE	消化吸收经费的比重	用消化吸收经费/主营业务收入衡量
	INTE	购买国内技术经费的比重	用购买国内技术经费/主营业务收入衡量

（二）模型选择

（1）变量的描述性统计特征。表9-4给出了各变量的描述性统计。数据分析表明，涉农企业每1万元的工业总产值中，新产品工业产值仅为738.86元；设立科技机构的涉农企业数仅占全部企业的1/4；涉农企业的100个从业人员中，从事科技活动人员仅为2.4人；在科技经费的筹集方面，政府支持涉农企业的资金仅占2.67%；在涉农企业1万元的科技活动经费内部支出中，用于新产品开发的经费为0.477万元；而技术改造经费支出、技术引进经费支出、消化吸收经费、购买国内技术经费支出占涉农企业主营业务收入的比重分别只有1.32%、0.39%、0.02%和0.04%。

表9-4 变量的描述性统计

变量	符号	观测值	平均值	标准差	最小值	最大值
新产品产值的比重	NPDV	102	0.073 9	0.036 3	0.017 4	0.179 4
有科技机构企业数的比重	STI	102	0.258 9	0.133 1	0.085 6	0.694 4
科技活动人员的比重	STP	102	0.024 0	0.010 3	0.007 4	0.072 7
政府资金的比重	GF	102	0.026 7	0.017 4	0.002 1	0.102 6
新产品开发经费的比重	NPDE	102	0.477 4	0.154 8	0.166 1	0.821 0
技术改造经费支出的比重	TRE	102	0.013 2	0.008 2	0.002 9	0.035 0
技术引进经费支出的比重	ITE	102	0.003 9	0.004 9	0.000 0	0.027 9
消化吸收经费的比重	ADE	102	0.000 2	0.000 1	0.000 0	0.000 7
购买国内技术经费比重	INTE	102	0.000 4	0.000 3	0.000 0	0.001 8

(2) 回归模型。根据以上分析，本研究运用混合回归模型和固定效应模型分别对涉农企业科技创新的影响因素进行分析。包括所有解释变量的混合估计模型如下：

$$NPDV_{it} = \alpha + \beta_1 STI_{it} + \beta_2 STP_{it} + \beta_3 GF_{it} + \beta_4 NPDE_{it} + \beta_5 TRE_{it} + \beta_6 ITE_{it} + \beta_7 ADE_{it} + \beta_8 INTE_{it} + \mu_{it} \quad (9.1)$$

固定效应模型分为个体固定效应模型、时点固定效应模型和时点个体固定效应模型3种类型。包括所有变量解释变量的固定效应模型如下。

个体固定效应模型：

$$NPDV_{it} = \alpha_i + \beta_1 STI_{it} + \beta_2 STP_{it} + \beta_3 GF_{it} + \beta_4 NPDE_{it} + \beta_5 TRE_{it} + \beta_6 ITE_{it} + \beta_7 ADE_{it} + \beta_8 INTE_{it} + \mu_{it} \quad (9.2)$$

时点固定效应模型：

$$NPDV_{it} = \gamma_t + \beta_1 STI_{it} + \beta_2 STP_{it} + \beta_3 GF_{it} + \beta_4 NPDE_{it} + \beta_5 TRE_{it} + \beta_6 ITE_{it} + \beta_7 ADE_{it} + \beta_8 INTE_{it} + \mu_{it} \quad (9.3)$$

时点个体固定效应模型：

$$NPDV_{it} = \alpha_i + \gamma_t + \beta_1 STI_{it} + \beta_2 STP_{it} + \beta_3 GF_{it} + \beta_4 NPDE_{it} + \beta_5 TRE_{it} + \beta_6 ITE_{it} + \beta_7 ADE_{it} + \beta_8 INTE_{it} + \mu_{it} \quad (9.4)$$

（三）实证分析结果

实证结果如表9-5和表9-6所示。在固定效应模型和混合OLS模型中，本研究分别进行了3个回归：包括全部解释变量的回归模型，只包括科技活动人员的比重、新产品开发经费的比重、购买国内技术经费的比重这3个解释变量的回归模型，以及不包括政府资金的比重、技术引进经费支出的比重、购买国内技术经费的比重的5个解释变量的回归模型。

表9-5 涉农企业科技创新影响因素的实证分析结果（固定效应估计）

变量	符号	(1) all_fe npdv	(2) all3_fe npdv	(3) all5_fe npdv
有科技机构企业数的比重	STI	-0.081* 0.041		-0.087** 0.039
科技活动人员的比重	STP	0.703** 0.334	1.120*** 0.321	0.750** 0.315
政府资金的比重	GF	0.232 0.175		
新产品开发经费的比重	NPDE	0.045* 0.025	0.078*** 0.025	0.040 0.025
技术改造经费支出的比重	TRE	-1.330* 0.752		-1.166** 0.506

(续表)

变量	符号	(1) all_fe npdv	(2) all3_fe npdv	(3) all5_fe npdv
技术引进经费支出的比重	ITE	0.015 1.047		
消化吸收经费的比重	ADE	41.930** 18.872		45.846** 18.492
购买国内技术经费的比重	INTE	11.715 9.986	12.915 10.127	
截距	Constant	0.055** 0.021	0.005 0.015	0.066*** 0.020
观测值	Observations	102	102	102
R^2	R-squared	0.371	0.210	0.345
行业数	Number of industrycode	6	6	6

注：*、**、***分别表示10%、5%和1%的水平下通过显著性检验，下同。

表9-6 企业农业科技创新影响因素的实证分析结果（混合OLS估计）

变量	符号	(4) all_ols npdv	(5) all3_ols npdv	(6) all5_ols npdv
有科技机构企业数的比重	STI	0.011 0.031		0.018 0.027
科技活动人员的比重	STP	1.149** 0.515	1.276*** 0.408	1.427*** 0.491
政府资金的比重	GF	-0.110 0.204		
新产品开发经费的比重	NPDE	0.078*** 0.029	0.093*** 0.024	0.073** 0.028
技术改造经费支出的比重	TRE	0.369 0.629		0.235 0.442
技术引进经费支出的比重	ITE	-0.992 1.042		
消化吸收经费的比重	ADE	43.294 27.461		53.639* 27.764
购买国内技术经费的比重	INTE	29.525** 11.818	36.488*** 11.631	
截距	Constant	-0.011 0.026	-0.014 0.015	-0.013 0.022
观测值	Observations	102	102	102
R^2	R-squared	0.321	0.288	0.254

从实证分析的结果，可以得出以下结论。

（1）涉农企业的人力资本投入与科技创新产出存在正相关关系。科技活动人员的比重与涉农企业科技创新显著正相关。无论采用固定效应估计还是采用 OLS 估计，STP 的系数在 1% 的显著水平下都为正，表明涉农企业科技活动人员占年末从业人员的比重越大，涉农企业农业科技创新的活动越强，涉农企业科技创新成果越多。在用混合 OLS 估计的模型 5 中，STP 的系数为 1.276，表明涉农企业科技活动人员的比重每增加 1，其新产品产值占工业总产值的比重增加 1.276。

（2）涉农企业的经费投入与科技创新产出存在正相关关系。新产品开发经费的比重与涉农企业科技创新显著正相关。无论采用固定效应估计还是采用 OLS 估计，$NPDE$ 的系数在 1% 的显著水平下都为正，表明新产品开发经费占科技活动经费内部支出的比重越大，涉农企业农业科技创新的活动越强，科技创新产出越多。在用混合 OLS 估计的模型 5 中，$NPDE$ 的系数为 0.093，表明新产品开发经费的比重每增加 1，涉农企业新产品产值占工业总产值的比重增加 0.093。

（3）在技术创新模式方面，涉农企业选择消化吸收和购买国内技术的技术创新模式更能促进科技创新产出的增加。消化吸收经费比重与涉农企业科技创新显著正相关。在用固定效应估计的模型 1 中，ADE 的系数为 41.930，而且在 5% 的显著水平下显著，表明消化吸收经费支出在主营业务收入中的比重越大，涉农企业科技创新的活动越强。消化吸收经费的比重每增加 1，其新产品产值占工业总产值的比重会增加 41.930。同时，在用混合 OLS 估计的模型 5 中，$INTE$ 的系数为 36.488，而且在 1% 的显著水平下显著，表明涉农企业购买国内技术也非常有助于其新产品产值的增加。

四、研究结论及政策建议

（一）研究结论

本部分以农副食品加工业、食品制造业、饮料制造业、烟草制造业、纺织业及木材加工及木、竹、藤、棕、草制造业 6 个涉农行业大中型企业为研究对象，基于其 2000—2010 年的样本数据，对我国涉农企业开展科技创新的现状进行了分析，通过构建计量经济模型对涉农企业科技创新的影响因素进行研究，获得了以下研究结论。

在科技创新条件方面，我国涉农企业的科技创新呈现创新基础条件逐渐改善，但低于全国平均水平、创新投入总额和创新产出规模略有增长，但增长幅度较小；在科技创新模式上，涉农企业主要采用技术改造和技术引进模式，但呈现出向自主创新转变的趋势；在科技创新影响因素方面，涉农企业的人力资本投入和经费投入均与科技创新产出存在正相关关系，消化吸收和购买国内技术的创新模式更能促进其科技创新产出的增加。

(二）政策建议

（1）引导涉农企业成为科技创新的主体。涉农企业既是应用研究和农业科技成果产业化的排头兵，又是推动农业科研与市场结合、科技与经济结合的聚合点，在推进农业科技成果产业化过程中的作用越来越重要，是农业技术创新体系的重要组成部分。政府要积极引导农业企业成为科技创新的主体，充分利用技术创新政策，使参与科技活动的涉农企业数量逐渐增加，营造技术创新良好氛围，提升我国涉农企业科技创新能力。

（2）支持企业培育高水平科技研发机构。我国涉农企业的科技研发机构少，设立研发机构的涉农企业开展科技活动偏少，技术水平不高，自主开发能力较弱。因此，国家应鼓励涉农企业建立自己的科技研发机构，简化审批流程，加快落实涉农企业开展研究开发活动的研究开发费用税前加计扣除政策，减免相关税费；对于涉农企业新建的国家级或省（区、市）级技术研发机构，给予一定的建设经费支持和相应配套支持；对于涉农企业研发机构的自主创新成果给予奖励。

（3）加强涉农企业与农业科研院所、高等院校的协同创新。科研院所、高等院校与涉农企业合作或合办研究机构建立互惠互利、稳定的经济利益共同体的关系，能够提高涉农企业的创新能力与科技竞争力。当前暂时没有条件建立独立技术研发机构的涉农企业，应积极与科研院所、高等院校以合办、合作等形式，建立涉农企业稳定发展的技术来源，从而增强其市场竞争能力。

（4）加大对涉农企业科技创新的人力投入和经费投入。人力资源和资本是影响涉农企业开展科技创新的重要因素，但是目前我国涉农企业在人力投入和经费投入上都存在明显不足。政府部门和涉农企业应建立科技人才的激励机制，加强涉农企业科技创新人才队伍建设。发挥政府在农业科技投入中的主导作用，持续加大对涉农企业的科技投入，确保增量和比例均有所提高。通过支持涉农企业主持或参与承担农业科技项目等方式，为涉农企业科技创新提供资金支持，同时，鼓励和引导涉农企业将自有资金更多地投入到技术研发中。

参考文献

安华轩，彭靖里，杨丽萍，等，2004. 对提高农业科技型龙头企业科技创新能力的分析 [J]. 科技进步与对策（11）：126-128.

陈奇榕，范维培，2002. 增强农业企业科技创新能力的探讨 [J]. 高科技与产业化（5）：27-29.

陈志强，张春霞，谢志忠，2012. 农业产业化龙头企业科技创新能力评价——基于福建省36家企业的调查分析 [J]. 调研世界（9）：46-49.

褚保金，吴川，2001. 农业科技企业的发展状况研究 [J]. 农业技术经济（5）：22-25.

崔海云，施建军，2013. 开放式创新、政府扶持与农业龙头企业绩效的关系研究

[J]. 农业经济问题 (9): 84-91.

杜金沛, 2011. 论农业企业科技创新政策中的主要弊端及其不良后果 [J]. 科学管理研究 (2): 12-15.

郭改英, 2012. 农业企业科技创新若干问题的思考 [J]. 农业经济 (4): 101-102.

黄洁莉, 汤佩, 蒋占华, 2014. 税收优惠政策下农业企业研发投入、风险与收益——基于我国农业上市公司的实证检验 [J]. 农业技术经济 (2): 120-128.

李万君, 李艳军, 2015. 农业企业科技创新的模式、风险、问题及对策探讨 [J]. 科技管理研究 (21): 7-12.

毛世平, 2014. 涉农企业要成为农业科技创新主体 [J]. 中国农村科技 (12): 15.

农业部, 2013-02-14. 关于促进企业开展农业科技创新的意见 [EB/OL]. www.gov.cn/zhengce/2015-12/14/content_ 5023428.htm.

彭林魁, 2005. 农业科技企业技术创新机制研究 [D]. 杨凌: 西北农林科技大学.

王文昌, 白桂梅, 田春, 2006. 基于现代农业目标的农业科技型企业自主创新优势与有效组织 [J]. 农业现代化研究 (5): 333-336.

王志丹, 吴敬学, 2013. 加强农业企业科技创新能力的政策建议 [J]. 中国农村科技 (7): 34-37.

韦文联, 韦艾平, 2014. 农业产业化龙头企业科技创新问题研究 [J]. 华东经济管理 (9): 78-83.

肖兰兰, 2013. 论农业企业的科技创新主体地位 [J]. 江西农业大学学报 (社会科学版) (3): 350-355.

杨金深, 2004. 农村经济的战略突破口: 发展农业企业 [J]. 农业经济问题 (2): 66-68.

苑鹏, 刘玉萍, 宫哲元, 2008. 龙头企业在农业科技创新中的作用及发挥政府的引导功能研究 [J]. 农村经济 (1): 3-7.